ぽっちゃりさんが
もっとかわいく見える服

月居良子

文化出版局

Contents

1
フリル袖の
プルオーバー
p.4 >> p.34

2
リネンの
ギャザースカート
p.4 >> p.33

3
共布のつけ衿
p.4 >> p.36

4
フリル袖の
プルオーバー
p.5 >> p.34

5
ワイドパンツ
p.5 >> p.38

6
小さな衿の
プルオーバー
p.6 >> p.40

7
まちつき
フレアスカート
p.6 >> p.42

8
テントラインの
スカート
p.7 >> p.39

9
ゴムシャーリングの
チューブトップドレス
p.7 >> p.44

10
ギャザーブラウス
p.8 >> p.46

11
ジャンパースカート
p.8 >> p.45

12
スリットスリーブの
ワンピース
p.9 >> p.48

13
スリットスリーブの
チュニック
p.9 >> p.48

14
デニムの
テーパードパンツ
p.9 >> p.50

15
フリル＆
ギャザーのワンピース
p.10 >> p.52

16
スタンドカラーの
ギャザーワンピース
p.11 >> p.55

17
ノーカラーの切替え
ギャザーのワンピース
p.12 >> p.56

18
白いつけ衿
p.12 >> p.36

19
ノーカラーの切替え
ギャザーのワンピース
p.13 >> p.56

20
黒いつけ衿
p.13 >> p.36

21
小さな衿の
プルオーバー
p.14 >> p.40

22
ボックス
プリーツスカート
p.14 >> p.58

23
レースの
キャミソールドレス
p.15 >> p.51

24
ボーカラーの
フリルブラウス
p.16 >> p.60

ぽっちゃりさんの着こなしいろいろ p.28
作りはじめる前に p.30　三つ折りのしかた　胸ダーツの縫い方　くるみプラスナップの作り方・つけ方 p.30
　　　　　　　　　　　　　ゴムシャーリングのしかた p.31
　　　　　　　　　　　　　サイズについて　裁合せと材料について　実物大パターンについて p.32

25
花柄の
ギャザースカート
p.16 >> p.33

26
リネンの
スリップドレス
p.17 >> p.62

27
ギャザーブラウス
p.18 >> p.46

28
チュールフリルの
キャミソール
p.18 >> p.64

29
チュールフリルの
ギャザースカート
p.18 >> p.65

30
黒い
テーパードパンツ
p.19 >> p.50

31
ハーフワイドパンツ
p.20 >> p.66

32
オーバーオール
p.21 >> p.68

33
タータンチェックの
ギャザースカート
p.22 >> p.33

34
ワイドパンツ
p.22 >> p.38

35
あったか
シンプルベスト
p.23 >> p.63

36
デニムジャケット
p.24 >> p.70

37
リバーシブルの
つけ衿
p.24 >> p.36

38
リボン結びの
コート
p.25 >> p.72

39
あったか
キャミソール
p.26 >> p.74

40
あったか
ペチパンツ
p.26 >> p.75

41
花柄の
キャミソール
p.26 >> p.74

42
花柄の
ペチパンツ
p.26 >> p.75

43
リネンの
タンクトップ
p.27 >> p.76

44
コットンの
ひざ丈ペチパンツ
p.27 >> p.78

45
リネンのスリップ
p.27 >> p.62

46
コットンのスリップ
p.27 >> p.77

47
リネンのドロワーズ
p.27 >> p.78

1
フリル袖のプルオーバー
>>>> p.34

2
リネンの
ギャザースカート
>>>> p.33

3
共布のつけ衿
>>>> p.36

4
フリル袖のプルオーバー
>>>> p.34

5
ワイドパンツ
>>>> p.38

6
小さな衿の
プルオーバー
>>>> p.40

7
まちつきフレアスカート
>>>> p.42

9
ゴムシャーリングの
チューブトップドレス
>>>> p.44

8
テントラインのスカート
>>>> p.39

10
ギャザーブラウス
>>>> p.46

11
ジャンパースカート
>>>> p.45

12
スリットスリーブの
ワンピース
>>>> p.48

13
スリットスリーブの
チュニック
>>>> p.48

14
デニムの
テーパードパンツ
>>>> p.50

15
フリル&
ギャザーのワンピース
>>>> p.52

16
スタンドカラーの
ギャザーワンピース
>>>> p.55

17
ノーカラーの切替え
ギャザーのワンピース
>>>> p.56

18
白いつけ衿
>>>> p.36

19
ノーカラーの切替え
ギャザーのワンピース
>>>> p.56

20
黒いつけ衿
>>>> p.36

21
小さな衿のプルオーバー
>>>> p.40

22
ボックスプリーツスカート
>>>> p.58

23
レースのキャミソールドレス
>>>> p.51

10

22

24
ボーカラーのフリルブラウス
>>>> p.60

25
花柄のギャザースカート
>>>> p.33

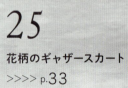

26
リネンのスリップドレス
>>>> p.62

27
ギャザーブラウス
>>>> p.46

28
チュールフリルの
キャミソール
>>>> p.64

29
チュールフリルの
ギャザースカート
>>>> p.65

28

4

29

30
黒いテーパードパンツ
>>>> p.50

27

31
ハーフワイドパンツ
>>>> p.66

*左右のパンツは丈だけが違います。左はひざ丈、右はひざ下丈。

32
オーバーオール
>>>> p.68

33
タータンチェックの
ギャザースカート
>>>> p.33

34
ワイドパンツ
>>>> p.38

35
あったかシンプルベスト
>>>> p.63

31

36
デニムジャケット
>>>> p.70

37
リバーシブルの
つけ衿
>>>> p.36

7

38
リボン結びのコート
>>>> p.72

37

33

ランジェリーも手づくり♡

39
あったかキャミソール
>>>> p.74

40
あったかペチパンツ
>>>> p.75

41
花柄のキャミソール
>>>> p.74

42
花柄のペチパンツ
>>>> p.75

43 リネンのタンクトップ >>>> p.76

44 コットンのひざ丈ペチパンツ >>>> p.78

45 リネンのスリップ >>>> p.62

46 コットンのスリップ >>>> p.77

47 リネンのドロワーズ >>>> p.78

ぽっちゃりさんの着こなしいろいろ

p.6 >> **7**
まちつき
フレアスカート
7L～9Lサイズ
スカート丈90cm

ウエストを胸の上まで上げて、ベアトップ風にも。肩ひもをつけてサンドレスとしてもかわいく着こなせます。

p.7 >> **9**
ゴムシャーリングの
チューブトップドレス
フリーサイズ
着丈90cm

カットソーに重ね着して
エプロン風にしてもいい
感じ。厚手のコットンで
作れば、家事にも重宝し
ますよ。

ボアはとても暖かいので、ベスト代わりに重ねて着てもかわいい。部屋着だけでなく外出にもぜひおすすめします。

p.27 >> **45**
リネンのスリップ
7Lサイズ
バスト137cm

p.26 >> **39**
あたたか
キャミソール
7Lサイズ
バスト137cm

172cm

ゴムシャーリングがウエストに優しくフィットするギャザースカートとしても。肩ひもは後ろでクロスさせると、なで肩の人も落ちにくくなります。

161cm

p.24 >> **36**
デニムジャケット
5Lサイズ
着丈64cm

153cm

たっぷり&ゆったりのデザインなので、厚手セーターの上にも重ねて着られます。袖口はロールアップしたり、好みの長さに仕上げてもいいです。

長めの着丈に

厚着の上にも重ねて着られる

30代

大人ぽっちゃりさんもピンクや花柄が大好き。ビビッドカラーのカーディガンをはおれば、ちょっと着やせ効果も！

50代

肌が明るく見えるインナーをコーディネートするのがポイント。花柄プリントの中の1色を使うと上品な印象に。

50代

30代

p.12 >> **17**
ノーカラーの切替え
ギャザーのワンピース
7Lサイズ
着丈114cm

p.8 >> **11**
ジャンパースカート
7Lサイズ
着丈約98cm

作りはじめる前に

三つ折りのしかた

1 アイロン定規を作る。はがき程度の厚紙（20×5cm）に油性ペンで1cm間隔に平行線を引く。

2 縫い代が2cmの場合。アイロン定規の2cmの目盛りに合わせてアイロンで折る。

3 そのままの位置で1cmの目盛りに合わせて折る。縫う前にアイロンで折っておくとあとの作業がスムーズ。

胸ダーツの縫い方

1 ハトロン紙にパターンを写して縫い代線を引いたら、ダーツを折って上側にたたむ。

2 ダーツをたたんだまま、縫い代線をはさみで切る。

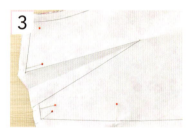

3 布を裁断する。まち針はつけたまま。

4 裏にチョークペーパーを当てて、ダーツの線をルレットで写す。

5 ダーツを縫う。縫始めは返し縫い。縫終りはミシン糸を10cmほど残す。

6 ミシン糸を結ぶ。もう一度結んで、3回めは2本の糸を一緒に結び、1.5cm残して切る。

くるみプラスナップの作り方・つけ方

1 針や糸が不要の「プラスナップ」を使えば、くるみボタンが容易に作れて脱ぎ着も楽。薄手の布が適している。

2 直径13mmのプラスナップの場合。直径26mmの型紙を作る（左）。布を裁つ（中）。0.3cmの位置にぐし縫いをする（右）。

3 2の裏にヘッドを置いて糸を引く（左）。さらに糸を引いて絞り、玉どめをして際で糸を切る（右）。

4 プラスナップ専用「卓上プレス」はプラスナップを軽い力で簡単に取りつけられるプレス機。

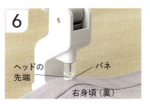

5 右身頃の表側にヘッド、裏側にバネ。左身頃の表側にゲンコ、裏側にヘッドをつける。

6 右身頃の場合。ボタンつけ位置に目打ちで穴をあけ、その穴に表側から3のヘッドを差し込み、先端を1.5mm出す。次にバネをセットする。卓上プレスにのせて、レバーを押し下げて取りつける。

7 右身頃につけたところ。

8 右身頃の裏側。バネの中央、ヘッドの先端がつぶれていればOK。左身頃は裏側にヘッド、表側にゲンコをセットしてプレスする。

ゴムシャーリングのしかた

1 ボビンとゴムミシン糸(ソフト)を準備する。

2 ゴムミシン糸をボビンに、少し引っ張りぎみに巻きつける。

3 2をボビンケースにセットする。ゴムミシン糸をつり下げてボビンケースが落ちずに止まる状態がベスト。

4 針目を4mmにして、布の表側に印をつけて縫う。裏側のゴムミシン糸が引っ張られてシャーリングされる。

5 2本めは布を前後で引っ張って平らな状態にしてミシンをかける。3本めも同様に縫う。

6 糸は上下とも10cmほど残しておく。袖口は0.5cm幅に三つ折りにして縫う。

7 ゴムミシン糸を引いて指定の寸法に縮める。

8 ミシン糸を裏側に引き出して3回しっかり結ぶ。結び目から1.5cmくらい残して切る。

p.30「胸ダーツの縫い方4」の、印のつけ方は、脇側にノッチ(切込み。長さ0.3cmほど)を入れて、頂点に目打ちで印をつける方法もあります。ノッチと頂点を結んで線を引き、その上を縫いましょう。

サイズについて

- この本の作品は、サイズ 3L、5L、7L、9L までの 4 サイズが作れます。
着る人のサイズに合ったパターンを下記の「参考寸法表」と各作品の「出来上り寸法」を参考にして選んでください。
下に各モデルのサイズを表記したので、着る人と比べるなどして参考にしてください。
- 着丈、袖丈、スカート丈、パンツ丈などは着る人に合わせたり、好みの長さに調節してください。

参考寸法表

サイズ	B（バスト）	W（ウエスト）	H（ヒップ）
3L（13～15号）	100	84	108
5L（17～19号）	112	96	120
7L（21～23号）	124	108	132
9L（25～27号）	136	120	144

＊単位は cm

実物大パターンについて

- 付録の実物大パターンには縫い代がついていません。「裁合せ図」を見て縫い代をつけてください。
- 直線のひもやフリルなどのパターンがないものは、ご自分で製図をするか、直接布に印をつけて裁断してください。

裁合せと材料について

- 布の「裁合せ」はサイズによって配置が異なる場合があります。まず、すべてのパターンを配置して確認してから布を裁断してください。
- ゴムテープの長さは各サイズともおおよその長さを表記したので、試着してから長さを決めてください。
- 共布のバイアス布は、おおよその長さを表記したので、衿ぐりなど使用する部位の寸法をはかって長さを出してください。余分が出たらカットしてください。
- この本の作品は、指定以外、11 番ミシン針、60 番ミシン糸で縫いました。

7L サイズのワンピースを着てみました（p.10 15 フリル＆ギャザーのワンピース）

- 7L の出来上り寸法　バスト＝190cm、着丈＝114cm

身長 153cm
B113 W96 H127
7L サイズ相当

身長 156cm
B119 W111 H119
7L サイズ相当

身長 161cm
B103 W86 H97
5L サイズ相当

身長 172cm
B134 W134 H144
9L サイズ相当

- たっぷりのギャザー分なので、9L サイズさんも着られますが、身長またはバストのサイズによってウエストの切替え位置が変わり、スカート丈が短くなります。

2 リネンのギャザースカート >>>> p.4
25 花柄のギャザースカート >>>> p.16
33 タータンチェックのギャザースカート >>>> p.22

裁つのも縫うのもすべて直線の簡単に作れるギャザースカート。
リネンのスカートは完成後、絞ったままにしておくとしわ加工風になります。
いろいろな布で作ってください。

＊文中、図中の2つ並んだ数字は、サイズ3L～5L、7L～9L。
　1つは共通

● 出来上り寸法

ウエスト(ヒップ)…200、212cm
スカート丈…75cm

● 材料

布[2はリネン、25は綿プリント]…110cm幅 170cm
　[33はウール]…150cm幅 170cm
ゴムテープ…2cm幅 80、90、100、110cm

● 作り方

1　脇を縫い、縫い代は後ろ側に倒す(p.65参照)
2　ウエストを三つ折りにして縫い、ゴムテープを通す
　　(図、p.67参照)
3　裾を三つ折りにして縫う(p.30参照)

● 製図

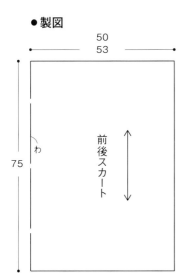

● 裁合せ図

＊指定以外の縫い代は1cm

1、4 フリル袖のプルオーバー >>>> p.4,5

実物大パターンA面、袖はD面

前は着丈が短くて後ろが長い、ロングテールのプルオーバー。
きれいなドレープのフリル袖が特徴です。
明るい色もシックな色もどちらもいいでしょう?

＊文中、図中の4つ並んだ数字は、サイズ3L、5L、7L、9L。1つは共通

● 出来上り寸法

バスト … 120、132、144、156cm
着丈（後ろ）… 74cm

● 材料

布［1は綿ポプリン］… 112cm幅 200cm
　［4は洗いこまれたベルギーリネンローン60番手］… 108cm幅 200cm
接着芯 … 40 × 40cm

● 作り方

1 肩を縫い、縫い代は後ろ側に倒す（図参照）
2 衿ぐりを見返しで始末する（図参照）
3 裾を三つ折りにして縫う（図、p.30参照）
4 脇を縫い、縫い代は後ろ側に倒す
5 袖下を縫い、縫い代は後ろ側に倒す（図参照）
6 袖口を三つ折りにして縫う（図、p.30参照）
7 袖をつける（図参照）

● 裁合せ図

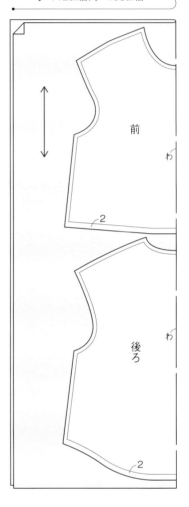

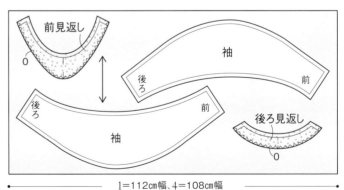

＊指定以外の縫い代は1cm
＊▩＝接着芯
＊～～＝ジグザグミシンをかけておく

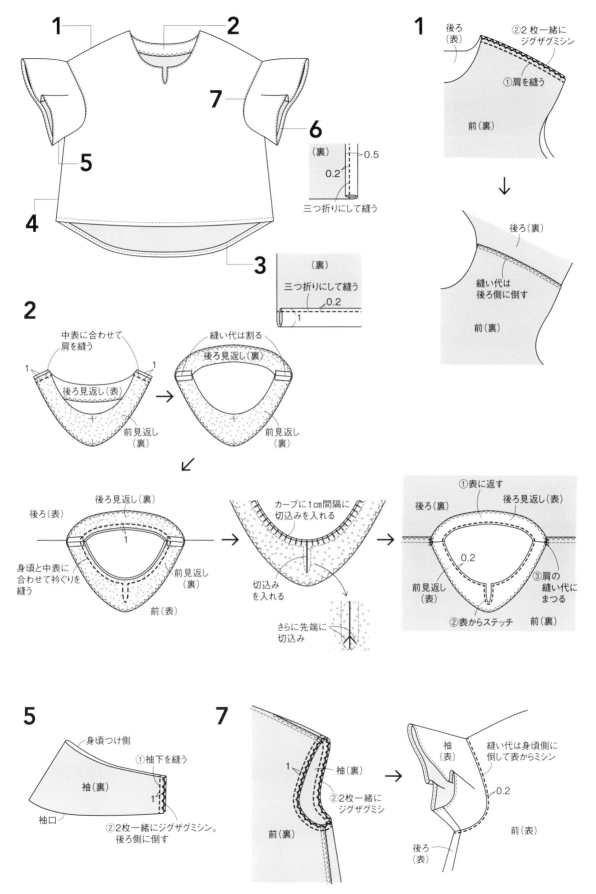

3 共布のつけ衿 >>>> p.4 　実物大パターン D 面
18 白いつけ衿 >>>> p.12
20 黒いつけ衿 >>>> p.13
37 リバーシブルのつけ衿 >>>> p.24

ガーリーファッションに欠かせないつけ衿。白や黒の無地は
どんな服とも相性がいいし、共布で作れば衿つきの服みたい。
37のようなリバーシブルは衿もとが暖かいので寒い季節の防寒にも。

● 出来上り寸法

衿幅(後ろ中心)…12cm

● 材料

3
布[綿ポプリン]…112cm幅 60cm
ボタン…直径1.3cmを1個

18
布[綿ローン]…110cm幅 40cm
リボン…0.5cm幅 80cm

20
布[綿ビエラ]…110cm幅 40cm
リボン…0.5cm幅 80cm

37
布[ストレッチデニム8.5オンス]…138cm幅 40cm
　[ボア]…160cm幅 40cm
スナップ…直径1.5cmを1組み

● 作り方(共通)

1　2枚を中表に合わせ、18、20はリボン、
　　3は布ループ(p.40参照)をはさんで、返し口を
　　残して周囲を縫う(図参照)
2　表に返して返し口をまつる(図参照)
3　3はボタン、37はスナップをつける(図参照)

● 裁合せ図

3

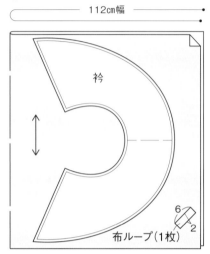

18, 20

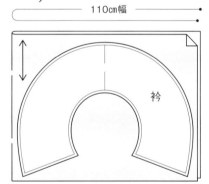

37

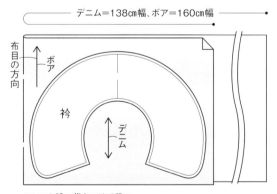

＊1cmの縫い代をつけて裁つ

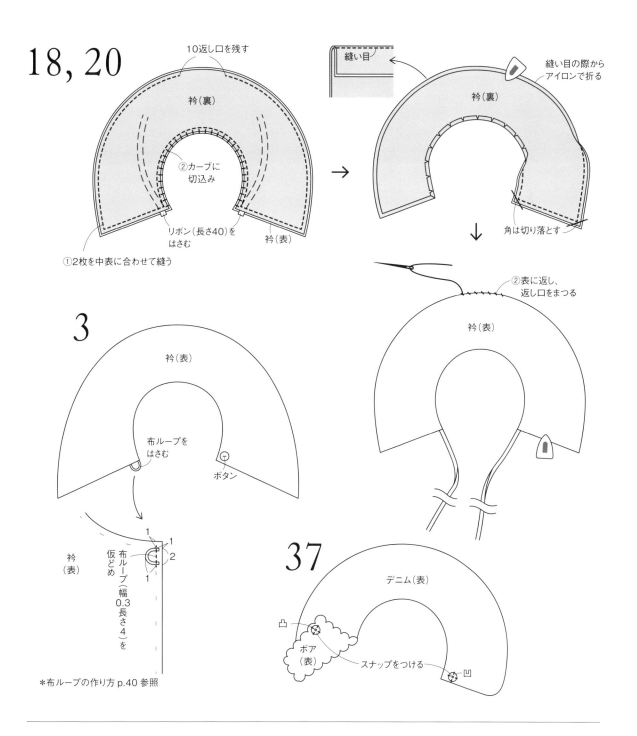

糸ループの作り方　*ボタンが直径1.3cmの場合、ループの長さは2.5cm

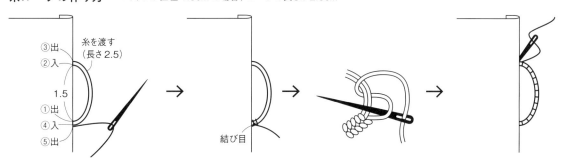

5、34 ワイドパンツ >>>> p.5,22

実物大パターン **B** 面

ゴムウエストでゆったりシルエットのワイドパンツ。
便利な脇ポケットつきで、ワードローブの必須アイテムです。

＊文中、図中の4つ並んだ数字は、サイズ3L、5L、7L、9L。1つは共通

● 出来上り寸法

ヒップ … 120、132、144、156cm
パンツ丈 … 94、95、96、97cm

● 材料

布［5 はカツラギ、34 は綿麻混紡］… 110cm幅 220、220、220、330cm
ゴムテープ … 2.5cm幅 80、90、100、110cm
＊9Lの後ろパンツは裁合せ図のように二つ折りでは裁てないので
　1枚に広げて裁つ

● 作り方

1 〜 5 は p.66 参照

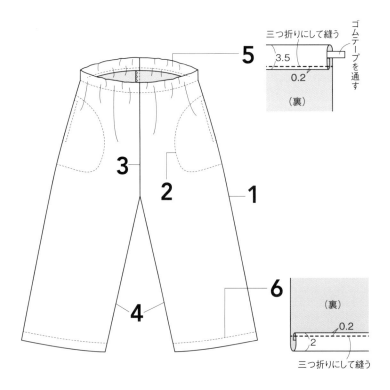

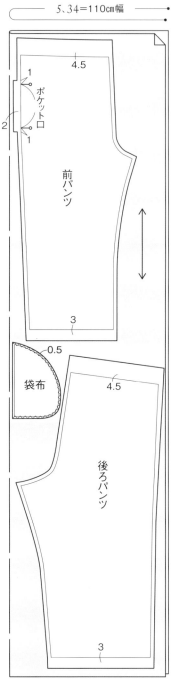

＊指定以外の縫い代は1cm
＊〰〰＝ジグザグミシンをかけておく

8 テントラインのスカート >>>> p.7

テントみたいなシルエットのスカートは、
はくと脇にきれいなドレープが出ます。
個性的なファッションを楽しみたいおしゃれさんに。

＊文中、図中の4つ並んだ数字は、サイズ3L、5L、7L、9L。1つは共通

● 出来上り寸法

ウエスト … 128、140、152、164cm
スカート丈 … 67cm

● 材料

布［綿ブロードクロス］… 110cm幅 200cm
ゴムテープ … 2cm幅 80、90、100、110cm

● 作り方

1 脇布の裾を折っておく（図参照）
2 中央布と脇布を縫い、縫い代は2枚一緒にジグザグミシン。脇布側に倒す
3 脇を縫い、縫い代は後ろ側に倒す（p.65参照）
4 ウエストを三つ折りにして縫い、ゴムテープを通す（p.67参照）
5 裾を三つ折りにして縫う（図、p.30参照）

● 製図

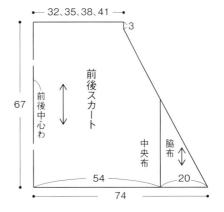

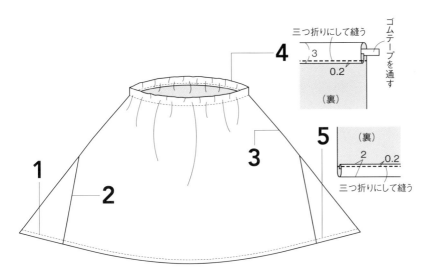

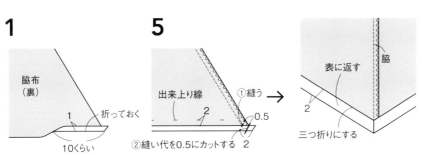

● 裁合せ図

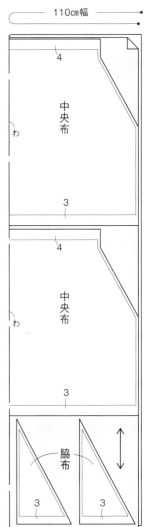

＊指定以外の縫い代は1cm

39

6、21 小さな衿のプルオーバー >>>> p.6,14

実物大パターンA面、袖はD面

前が短くて後ろが長いロングテールのプルオーバーに小さな衿をつけました。白い布で作れば大活躍しそう。21はシックな色合いながらドットプリントがほどよい甘さを醸します。

＊文中、図中の4つ並んだ数字は、サイズ3L、5L、7L、9L。1つは共通

● 出来上り寸法

バスト … 130、142、154、166cm
着丈(後ろ) … 75cm

● 材料

布[6はリネン] … 125cm幅 210cm
　[21はリネン60番手ポルカドットプリント]
　… 104cm幅 220、220、220、230cm
接着芯 … 90cm幅 30cm
ボタン … 直径1.3cmを1個

● 作り方

1　裾を三つ折りにして縫う(図、p.30参照)
2　肩を縫い、縫い代は後ろ側に倒す(p.35参照)
3　布ループを作る(図参照)
4　衿を作る(図参照)
5　前衿ぐりにギャザーを寄せる(図参照)
6　衿ぐりを見返しで始末する(図参照)
7　袖をつける(p.73参照)
8　袖下から脇を続けて縫う(p.73参照)
9　袖口を三つ折りにして縫う(図、p.30参照)
10　ボタンをつける

● 裁合せ図

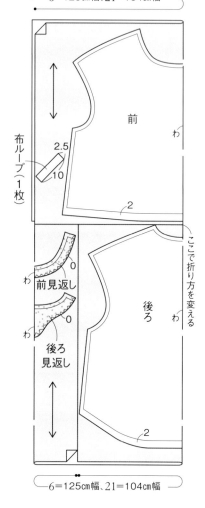

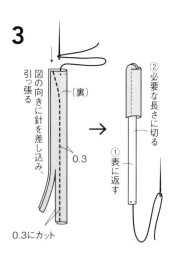

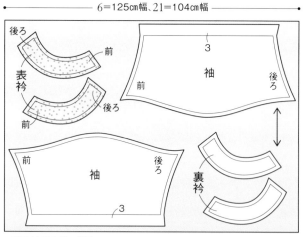

＊指定以外の縫い代は1cm
＊▓▓▓＝接着芯
＊～～～＝ジグザグミシンをかけておく

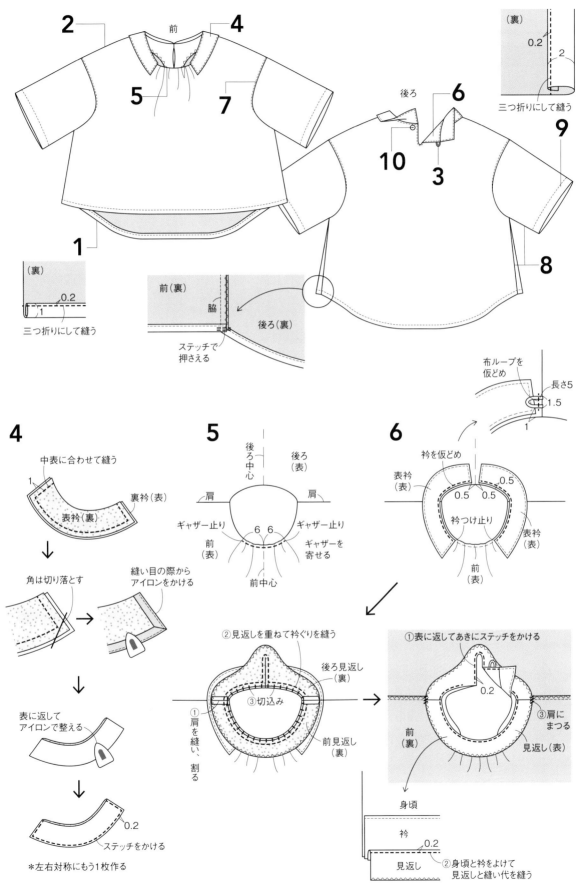

7 まちつきフレアスカート >>>> p.6

実物大パターン D 面

長方形の間に三角形のまちをはさんだ、フレアシルエットのスカート。
28ページのようにサンドレスっぽく着るなら、
肩ひもをつけてください。

＊文中、図中の2つ並んだ数字は、サイズ3L～5L、7L～9L。
 1つは共通

● 出来上り寸法

ウエスト … 126、153cm
スカート丈 … 90cm

● 材料

布［約7mmのリネンギンガムチェック］… 125cm幅 420cm
接着芯 … 60×20cm
ゴムテープ … 1.5cm幅 90、120cm

● 作り方

1 前スカートとまちを縫い合わせる（図参照）
2 後ろスカートとまちを縫い合わせる
3 後ろウエストを三つ折りにして縫い、
  ゴムテープを通す（図参照）
4 脇を縫う（図参照）
5 前ベルトをつける（図参照）
6 裾を三つ折りにして縫う（図、p.30参照）
7 肩ひもと布ループを作り、つける
  （図、p.40参照）

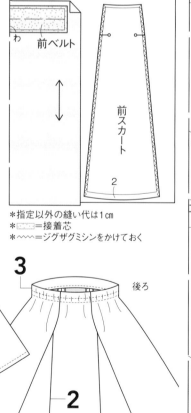
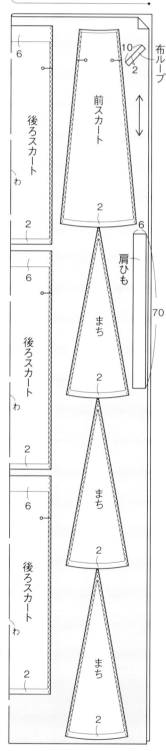

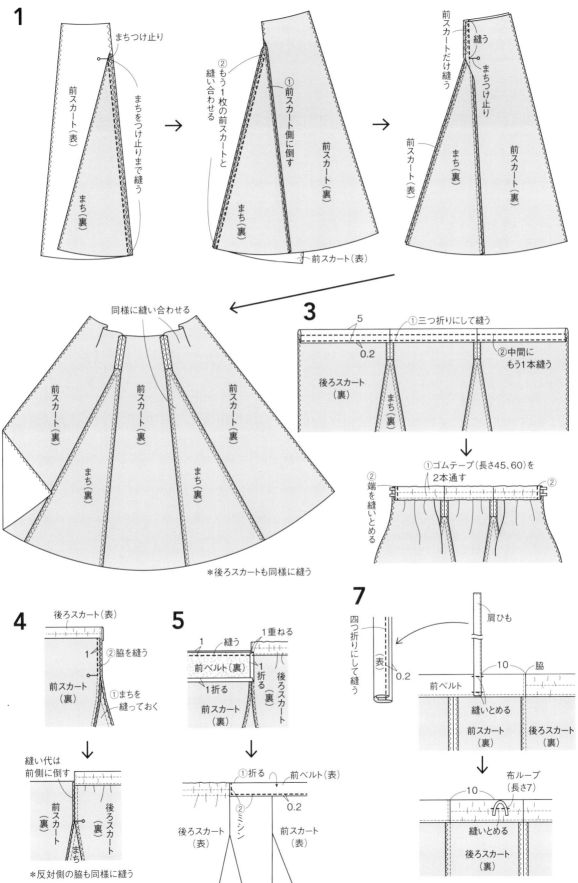

9 ゴムシャーリングのチューブトップドレス >>>> p.7

裁つのも縫うのもまっすぐでできるチューブトップドレス。
ゴムシャーリングはコツをつかめば簡単に縫えます。
ギンガムチェックだと柄に沿って縫えばいいのでおすすめです。

＊サイズ3L～9Lに共通

● 出来上り寸法

バスト…216cm
着丈(肩ひもを除く)…90cm

● 材料

布［約3mmのC&Sオリジナルギンガムチェック］…110cm幅 210cm
ゴムミシン糸(ソフト)
ゴムテープ…8コール 100cm

● 作り方

1 右脇を縫う
2 ゴムシャーリングをする(図、p.31参照)
3 左脇を縫う(p.65参照)
4 上端を三つ折りにしてゴムテープを通す(図、p.67参照)
5 裾を三つ折りにして縫う(図、p.30参照)
6 肩ひも(p.43参照)と布ループ(残りで裁つ。p.40参照)を作り、つける(図参照)

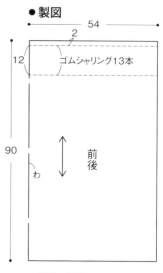

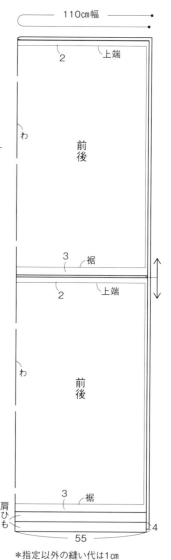

＊指定以外の縫い代は1cm

11 ジャンパースカート >>>> p.8

実物大パターン B 面、前スカート、後ろスカートは A 面

切替えにギャザーを寄せたキュートなジャンパースカート。
肩ひもを前のループに通して、長さを調節して結んでください。

*文中、図中の4つ並んだ数字は、サイズ 3L、5L、7L、9L。1つは共通

● 出来上り寸法

バスト … 110、122、134、146cm
着丈（肩ひもを除く）… 98cm

● 材料

布[綿オックスプリント] … 110cm 幅 290、300、450、450cm
*7L と 9L の前スカート、後ろスカートは中心をわで裁てないので、
　1cm の縫い代をつけて裁つ（裁合せは p.57 参照）

● 作り方

1　布ループを作る（p.40 参照）
2　肩ひもを作る（p.69 参照）
3　前と後ろを縫い合わせる（p.69 参照）
4　ポケットを作り、つける（p.69 参照）
5　スカートの脇を縫い、縫い代は後ろ側に倒す
　（7L と 9L は前後中心を縫い、縫い代は右側に倒しておく）
6　スカートにギャザーを寄せて身頃をつける（p.57、69 参照）
7　裾を三つ折りにして縫う（図、p.30 参照）

● 裁合せ図

*指定以外の縫い代は1cm

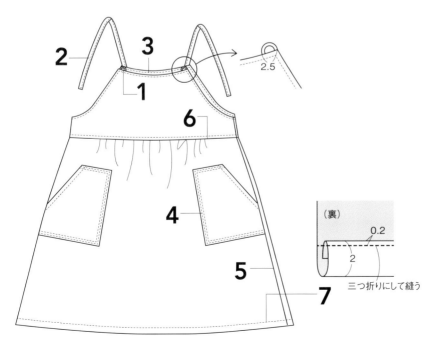

10, 27　ギャザーブラウス　>>>> p.8, 18

実物大パターン**A**面、袖は**D**面

衿ぐりにギャザーを寄せたゆったりブラウス。
10 は袖口にゴムテープを通した形、27 はゴムシャーリング。
袖口をブラウジングして好きな長さにしてください。

＊文中、図中の4つ並んだ数字は、サイズ 3L、5L、7L、9L。1つは共通

● 出来上り寸法

バスト … 130、142、154、166cm
着丈（後ろ）… 75cm

● 材料

布［10、27 とも綿ビエラ］… 110cm 幅 260cm
ボタン … 直径 1.3cm を 1 個
ゴムテープ … 8 コール 60、60、70、70cm（10 のみ）
ゴムミシン糸（ソフト）27 のみ

● 作り方

1　前衿ぐりにギャザーを寄せる（図参照）
2　後ろ中心を縫い、あきの始末をする（図参照）
3　裾を三つ折りにして縫う（図、p.30 参照）
4　肩を縫い、縫い代は後ろ側に倒す（p.35 参照）
5　衿ぐりをバイアス布でくるむ（図参照）
6　袖をつける（図参照）（27 は袖口を三つ折りにして縫い、ゴムシャーリングをしておく。p.31 参照）
7　袖下から脇を続けて縫う（図参照）
8　袖口を三つ折りにして縫い、ゴムテープを通す
　　（10 のみ。図、p.30 参照）
9　糸ループを作り（p.36 参照）、ボタンをつける

● 裁合せ図

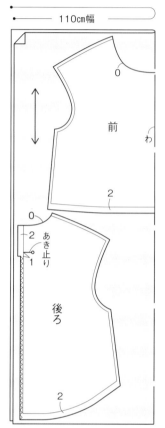

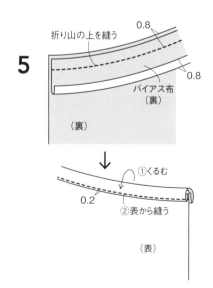

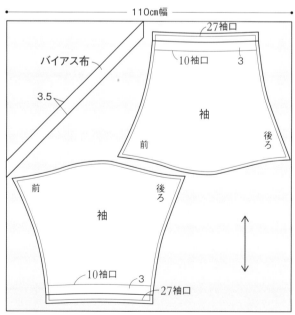

＊指定以外の縫い代は 1cm
＊〜〜〜＝ジグザグミシンをかけておく

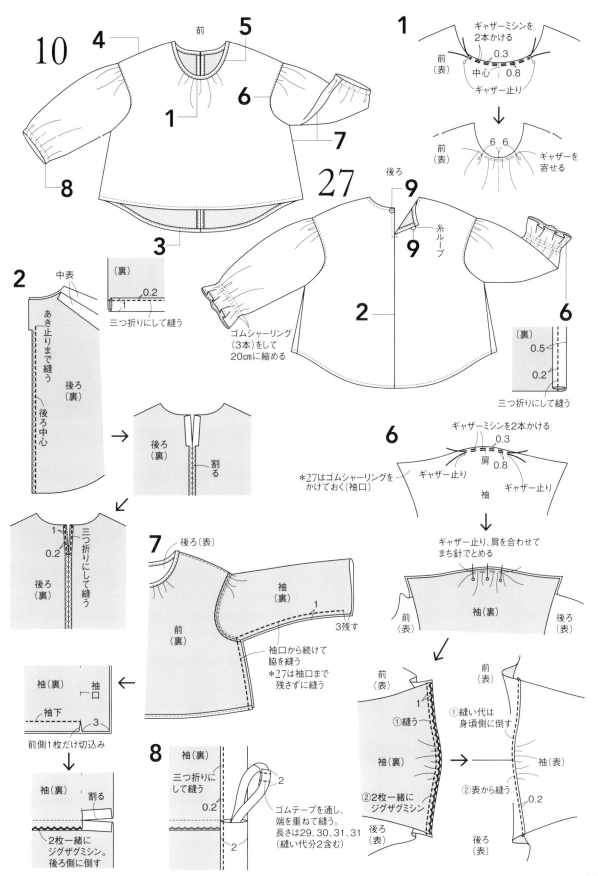

12 スリットスリーブのワンピース >>>> p.9
13 スリットスリーブのチュニック >>>> p.9

実物大パターン C 面、前袖、後ろ袖は D 面

袖にスリットが入っていて、ラウンドした袖口をリボンで結ぶ
エレガントなワンピース。一方、少し丈を短くしたチュニックは、
カジュアルな印象。パンツをロールアップして颯爽と。

＊文中、図中の4つ並んだ数字は、サイズ 3L、5L、7L、9L。1つは共通

● 出来上り寸法

バスト … 113、125、137、149cm
着丈 … 12 は110cm、13 は94cm

● 材料

布［12 はリバティプリント］… 110cm 幅 320cm
　　［13 はマリメッコプリント］… 138cm 幅 210cm
接着芯 … 40 × 40cm
リボン … 1cm 幅 120cm

● 作り方

1　胸ダーツを縫う（p.30 参照）
2　肩を縫い、後ろ側に倒す（p.35 参照）
3　衿ぐりを見返しで始末する（p.35 参照）
4　前袖と後ろ袖を縫い合わせる（図参照）
5　袖のスリット部分から袖口を縫う（図参照）
6　袖をつける（p.73 参照）
7　袖下から脇を続けて縫う（p.73 参照）
8　裾を三つ折りにして縫う（図、p.30 参照）

● 裁合せ図（12）

110cm幅

前

わ

3

後ろ

わ

3

縫止り　前袖

前見返し

0

わ

縫止り

後ろ袖

後ろ見返し

0

わ

＊指定以外の縫い代は1cm
＊▨＝接着芯
＊〜〜〜＝ジグザグミシンをかけておく

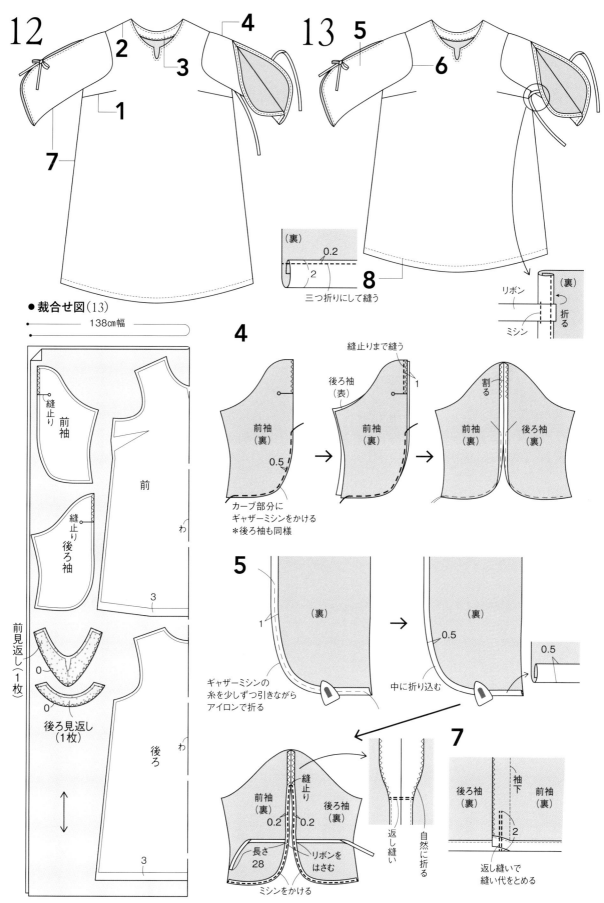

14 デニムのテーパードパンツ >>>> p.9
30 黒いテーパードパンツ >>>> p.19

実物大パターン **B** 面

5、34のワイドパンツとほぼ同型で、ヒップから裾に向けて細くしたテーパードパンツ。デニムなどやや厚手の布で作れば一年中大活躍。

＊文中、図中の4つ並んだ数字は、サイズ3L、5L、7L、9L。1つは共通

● 出来上り寸法

ヒップ … 120、132、144、156cm
パンツ丈 … 94、95、96、97cm

● 材料

布［14はデニム、30はカツラギ］… 110cm幅 220cm
ゴムテープ … 2.5cm幅 80、90、100、110cm

● 作り方

1 〜 5 は p.66 参照

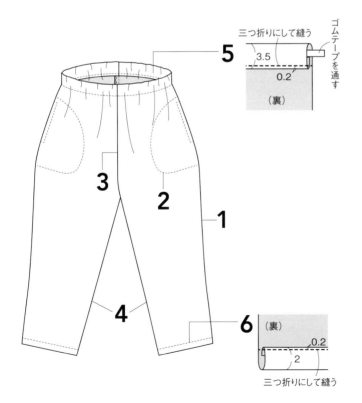
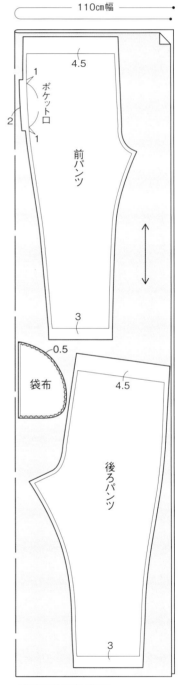

＊指定以外の縫い代は1cm
＊〜〜〜＝ジグザグミシンをかけておく

23 レースのキャミソールドレス >>>> p.15

実物大パターン C 面

スカートはカフェカーテンを使用しました。
縁がスカラップのタイプを探してください。
身頃はカフェカーテンに色をそろえてもいいし、
違う色にしてもかわいい。

＊文中、図中の4つ並んだ数字は、サイズ3L、5L、7L、9L。
1つは共通

● 出来上り寸法

バスト … 113、125、137、149cm
着丈（肩ひもを除く）… 76cm

● 材料

布［綿ローン］… 110cm幅 110cm
　［カフェカーテン］… 60cm幅 200、220、240、260cm

● 作り方

1　胸ダーツを縫う（p.30参照）
2　布ループを作る（p.40参照）
3　肩ひもを作る（p.43参照）
4　前と後ろを縫い合わせる（p.69参照）
5　スカートの後ろ中心を縫い、右側に倒す
6　スカートにギャザーを寄せて身頃をつける（p.69参照）

● 製図

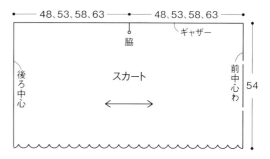

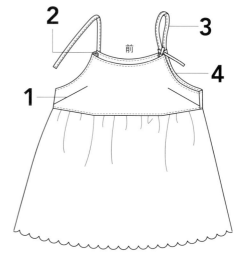

● 裁合せ図

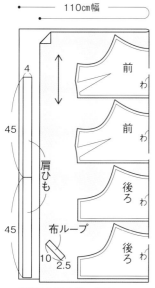

※指定以外の縫い代は1cm

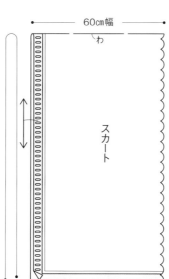

51

15 フリル&ギャザーのワンピース >>>> p.10

実物大パターンA面、袖はD面

衿ぐりにも裾にも、フリルをふんだんにあしらったワンピース。
身頃はゆったりしていますが、ウエストをゴム仕様で
フィットさせたのでスマートに見えるでしょう？

＊文中、図中の4つ並んだ数字は、サイズ3L、5L、7L、9L。1つは共通

● 裁合せ図

● 出来上り寸法

バスト … 166、178、190、202cm
着丈 … 113、113.5、114、114.5cm

● 材料

布[約5mmのC＆Sオリジナル sunny days check]
　　… 110cm幅 440、440、440、630cm
＊9Lの前身頃、後ろ身頃は中心をわで裁てないので、
　1cmの縫い代をつけて裁つ（裁合せはp.57参照）
ゴムテープ … 8コール 80cm（衿ぐり分）
　　　　　　1cm幅 80、90、100、110cm（ウエスト分）
　　　　　　1cm幅 60、60、70、70cm（袖口分）

● 作り方

1　肩を縫う（図参照）
　　（9Lは前後中心を縫い、縫い代は右側に倒しておく）
2　衿を作り、衿ぐりの始末をし、ゴムテープを通す（図参照）
3　裾フリルを作り、つける（図、p.54参照）
4　袖をつける（p.47参照）
5　袖下から脇を続けて裾フリルまで縫う（p.47参照）
6　袖口を三つ折りにして縫い、ゴムテープを通す（図、p.47参照）
7　裾を三つ折りにして縫う（図、p.30参照）
8　ウエストに当て布をつけてゴムテープを通す（p.54参照）

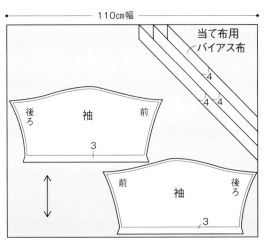
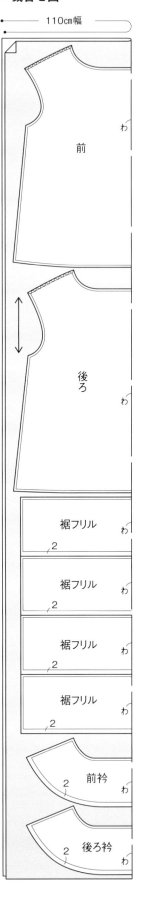

＊指定以外の縫い代は1cm
＊〜〜〜＝ジグザグミシンをかけておく

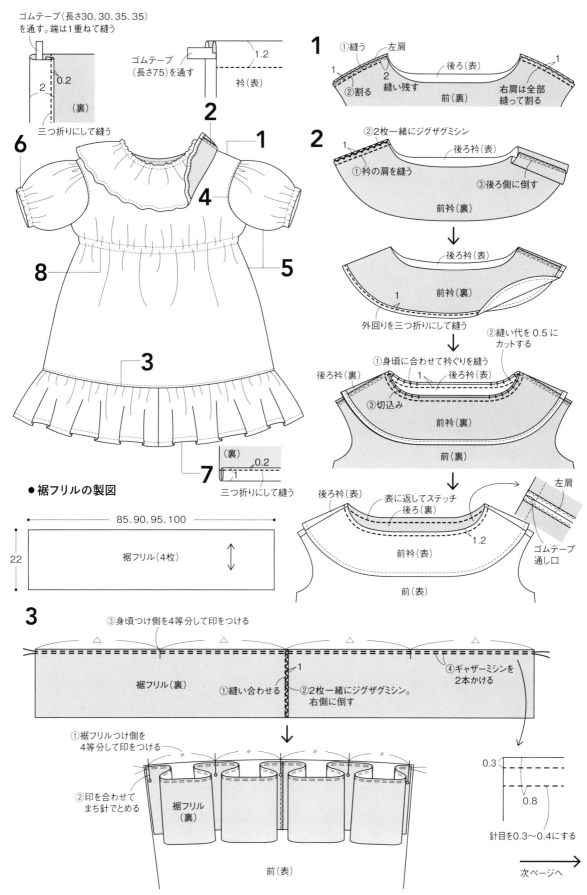

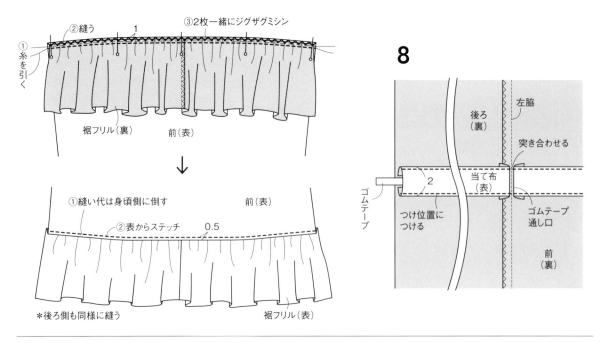

16

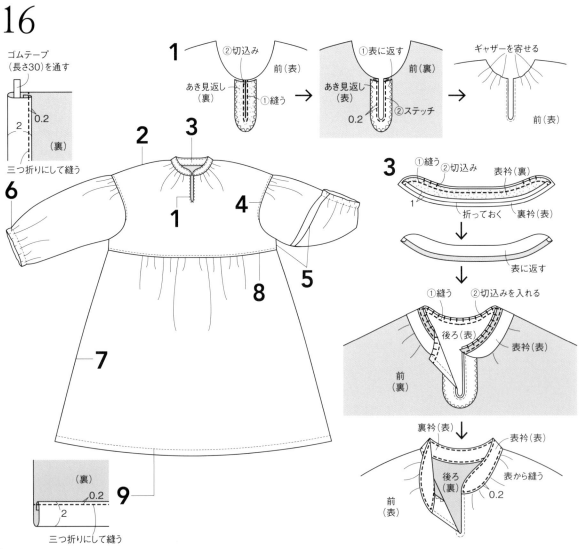

16 スタンドカラーのギャザーワンピース >>>> p.11

実物大パターンA面、袖はD面

スカートにギャザーがたっぷりのゆったりシルエットなのに、衿がついているのできちんと感があるワンピース。とっておきの日に着たい1枚です。

＊文中、図中の4つ並んだ数字は、サイズ 3L、5L、7L、9L。1つは共通

● 出来上り寸法

バスト … 120、132、144、156cm
着丈 … 113cm

● 材料

布［綿ローンプリント］… 110cm幅 350、350、510、510cm
＊7Lと9Lの前スカート、後ろスカートは中心をわで裁てないので、
　1cmの縫い代をつけて裁つ（裁合せは p.57 参照）
接着芯 … 50×30cm　ゴムテープ … 1cm幅 60cm

● 作り方

1 前のあきを作り、衿ぐりにギャザーを寄せる（図参照）
2 肩を縫い、縫い代は後ろ側に倒す（p.35 参照）
3 衿を作り、つける（図参照）
4 袖をつける（p.47 参照）
5 袖下から続けて脇を縫う（p.47 参照）
6 袖口を三つ折りにして縫い、ゴムテープを通す（図、p.47 参照）
7 スカートの脇を縫い、後ろ側に倒す
　（7Lと9Lは前後中心を縫い、縫い代は右側に倒しておく）
8 スカートにギャザーを寄せて身頃と縫い合わせる（p.57 参照）
9 裾を三つ折りにして縫う（図、p.30 参照）

● 裁合せ図

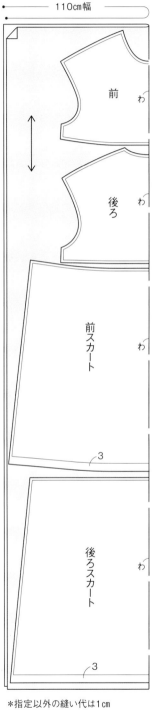

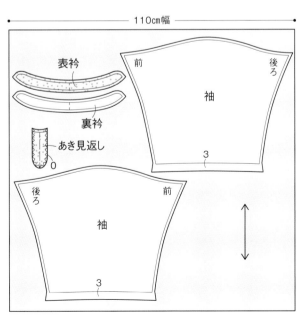

＊指定以外の縫い代は1cm
＊▨▨＝接着芯
＊〰〰＝ジグザグミシンをかけておく

17, 19 ノーカラーの切替えギャザーのワンピース >>>> p.12,13

実物大パターン C 面、袖は D 面

ハイウエスト切替えにも袖にもギャザーがたっぷりのワンピース。
17と19は全くの同型で布を替えただけ。
布を替えるとこんなに印象が変わるという一例です。

＊文中、図中の4つ並んだ数字は、サイズ 3L、5L、7L、9L。1つは共通

● 出来上り寸法

バスト … 113、125、137、149cm
着丈 … 17は114cm、19は110cm

● 材料

布 [17は綿ブロードプリント] … 110cm 幅 490cm
　　[19はマリメッコプリント] … 138cm 幅 260、260、300、300cm
接着芯 … 40 × 40cm
ゴムテープ … 8コール 60cm

● 作り方

1. 胸ダーツを縫う(p.30参照)
2. 肩を縫い、縫い代は後ろ側に倒す(p.35参照)
3. 衿ぐりを見返しで始末する(図参照)
4. スカートの前後中心を縫い、右側に倒す(17のみ)
5. スカートにギャザーを寄せて身頃と縫い合わせる(図参照)
6. 袖をつける(p.47参照)
7. 袖下から続けて脇を縫う(p.47参照)
8. 袖口を三つ折りにして縫い、ゴムテープを通す
　 (図、p.47参照)
9. 裾を三つ折りにして縫う
　 (図、p.30参照)

● 裁合せ図(19)

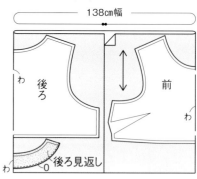

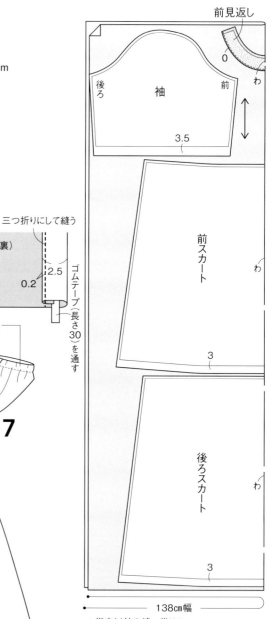

＊指定以外の縫い代は1cm
＊▒▒▒ ＝接着芯
＊〜〜〜 ＝ジグザグミシンをかけておく

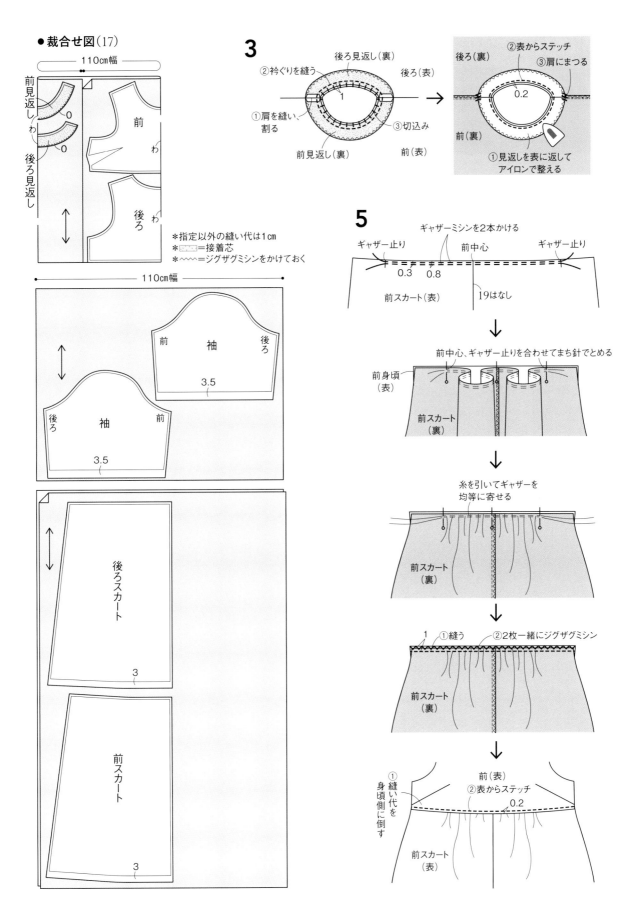

22 ボックスプリーツスカート >>>> p.14

前はボックスプリーツにベルトつきでコンサバな印象。
後ろはギャザーがたっぷりのガーリーなデザイン。
前後の違いが楽しい欲張りなスカートです。

＊文中、図中の2つ並んだ数字は、サイズ3L〜5L、7L〜9L。
1つは共通

● 出来上り寸法

ウエスト … 136、160cm
スカート丈 … 68cm

● 材料

布［コーデュロイ］… 130cm幅 180cm
接着芯 … 50×20cm
ゴムテープ … 1cm幅 45、60cm
ゴムミシン糸（ソフト）

● 作り方

1　後ろベルトと脇ベルトを始末する（図参照）
2　1と前ベルトを縫い合わせる（図参照）
3　前スカートのプリーツを仮どめする（図参照）
4　スカートの脇を縫い、後ろ側に倒す
5　スカートにベルトをつける（図参照）
6　裾を三つ折りにして縫う（図、p.30参照）

● 製図

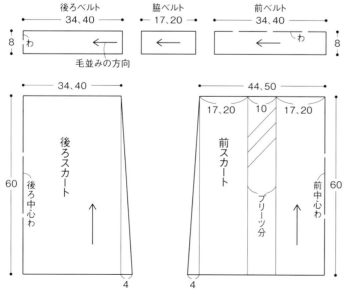

● 裁合せ図

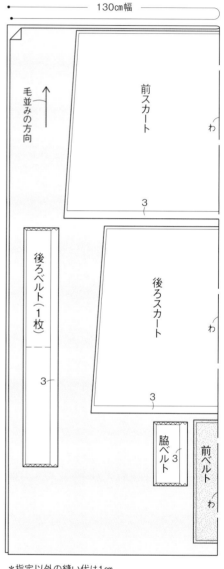

＊指定以外の縫い代は1cm
＊▓▓▓＝接着芯
＊〰〰＝ジグザグミシンをかけておく

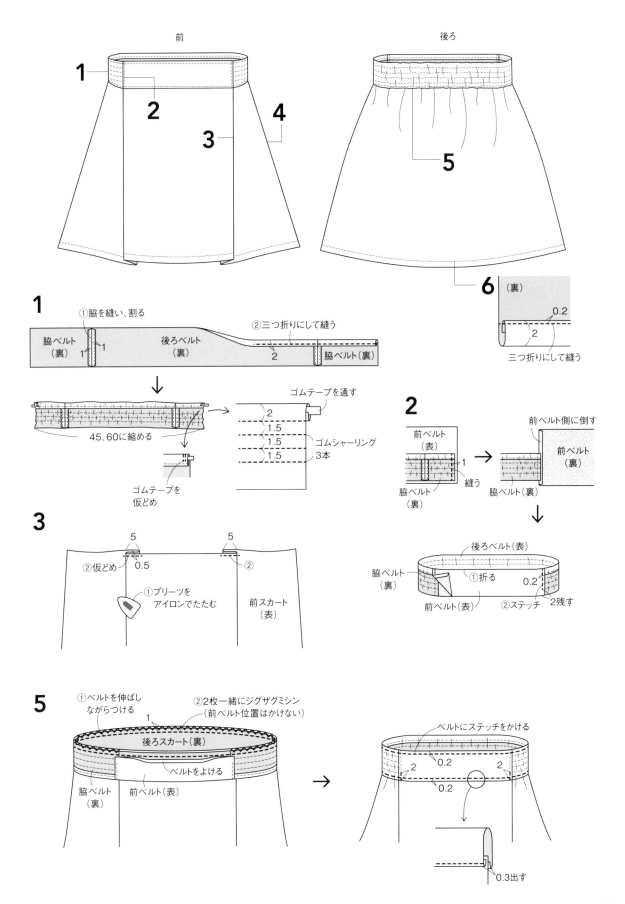

24 ボーカラーのフリルブラウス >>>> p.16

実物大パターン C 面、袖は D 面

衿ぐりにギャザーたっぷりのフリルをつけたボーカラーのブラウス。ともすれば甘くなりがちなところをスモーキーカラーの布にしたことで、大人っぽいエレガントな雰囲気が漂います。

＊文中、図中の4つ並んだ数字は、サイズ3L、5L、7L、9L。1つは共通

● 裁合せ図

● 出来上り寸法

バスト … 127、139、151、163cm
着丈 … 69cm

● 材料

布［綿ビエラ］… 110cm幅 350cm
プラスナップ … 直径1.3cmを6組み
ゴムミシン糸（ソフト）

● 作り方

1 胸ダーツを縫う（p.30参照）
2 衿ぐりフリル、下段フリルを作る（図参照）
3 下段フリルを前につける（図参照）
4 前端を完全三つ折りにし、衿つけ止と裾を始末する（図参照）
5 後ろにギャザーを寄せて後ろヨークと縫い合わせる（p.71参照）
6 肩を縫い、縫い代は後ろ側に倒す（p.35参照）
7 衿ぐりに衿ぐりフリルを仮どめする（図参照）
8 衿を作り、つける（図参照）
9 袖にゴムシャーリングをして（p.31参照）、30cmに縮める
10 袖口を0.5cm幅に三つ折りにして縫う（p.30参照）
11 袖をつける（p.47参照）
12 袖下から続けて脇を縫う（p.47参照）
13 裾を三つ折りにして縫う（図、p.30参照）
14 プラスナップでくるみボタンを作り、つける（p.30参照）

● 製図

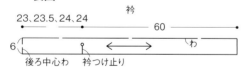

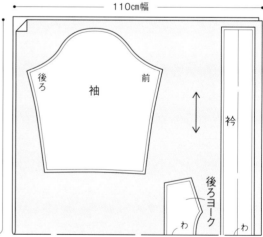

＊指定以外の縫い代は1cm
＊〜〜〜＝ジグザグミシンをかけておく

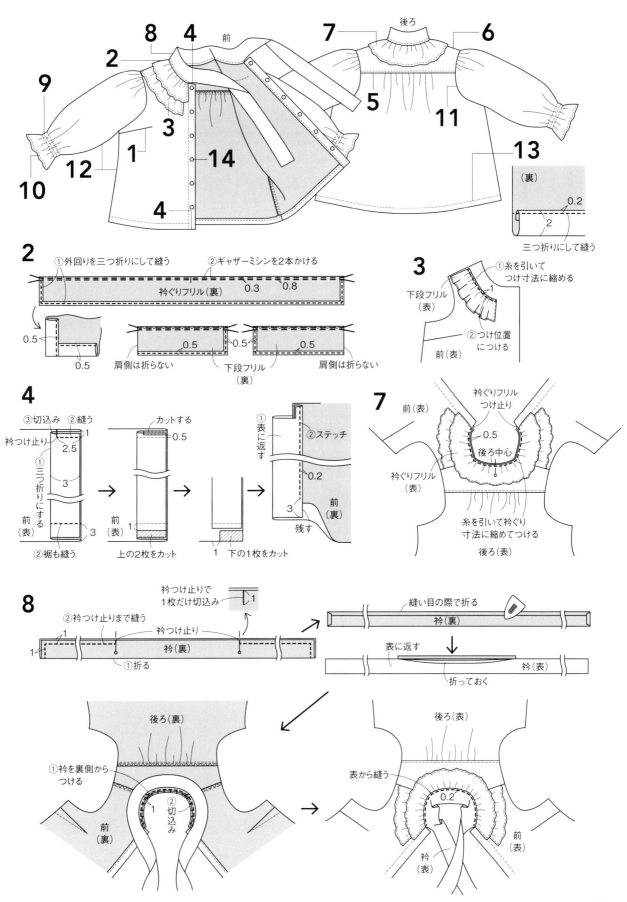

26 リネンのスリップドレス >>>> p.17
45 リネンのスリップ >>>> p.27

実物大パターン **C** 面

スリップドレスは、ランジェリーとして素肌に着てもいいけれど、17ページのようにジャンスカっぽく着てもすてき。アンダードレスとしても重宝します。

＊文中、図中の4つ並んだ数字は、サイズ3L、5L、7L、9L。1つは共通

● 出来上り寸法

バスト … 113、125、137、149cm
着丈（肩ひもを除く）… 26 は 99cm、45 は 89cm

● 材料

布［26 はリネンシャンブレー］… 150cm 幅 220cm
　［45 はリネン］… 115cm 幅 200cm

● 作り方

1 胸ダーツを縫う（p.30 参照）
2 上端をバイアス布でくるむ（図、p.46 参照）
3 脇を縫い、縫い代は割る
4 スリットを三つ折りにして縫う（図参照）
5 袖ぐりをバイアス布でくるみ、そのまま肩ひもを作り（図、p.46 参照）、長さを決めて前に縫いとめる
6 裾を三つ折りにして縫う（図、p.30 参照）

● 裁合せ図

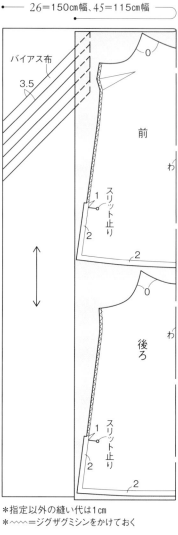

＊指定以外の縫い代は1cm
＊〜〜＝ジグザグミシンをかけておく

35 あったかシンプルベスト >>>> p.23

実物大パターン **A** 面

ボアはほつれないので、回りはすべて切りっぱなしでOK。
機密性があるからこれ1枚でも暖かさは抜群。肩と脇を縫うだけ。
初心者さんにおすすめです。

＊文中、図中の4つ並んだ数字は、サイズ 3L、5L、7L、9L。1つは共通

● 出来上り寸法

バスト … 約 120、132、144、156cm
着丈 … 63cm

● 材料

布［ボア］… 130cm幅 130cm

● 作り方

1　肩を縫い、縫い代は割ってミシンで押さえる（図参照）
2　脇を縫い、縫い代は割ってミシンで押さえる（図参照）
3　周囲に2本ミシンをかける（図参照）

● 裁合せ図

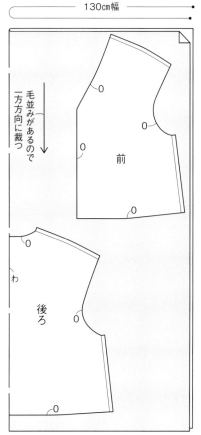

＊指定以外の縫い代は1cm

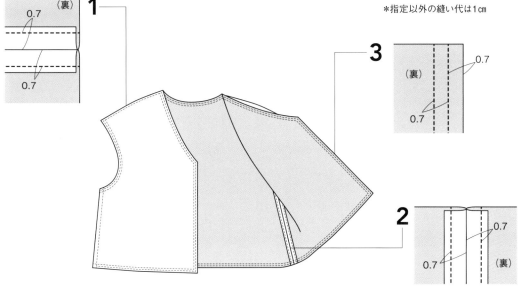

28 チュールフリルのキャミソール >>>> p.18

一見凝っているようで、実は筒状の土台にチュールのフリルを
つけただけのキャミソール。シンプルな服に合わせて着ても楽しい。
ストレッチ素材で作ってください。

＊文中、図中の2つ並んだ数字は、サイズ3L～5L、7L~9L。
　1つは共通

● 製図

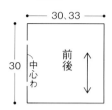

● 出来上り寸法

バスト … 120、132cm
着丈（肩ひもを除く）… 30cm

● 材料

布［化繊ストレッチ］… 110cm幅 80cm
チュールフリル … 13cm幅 360cm
ゴムテープ … 1cm幅 80、90cm

● 裁合せ図

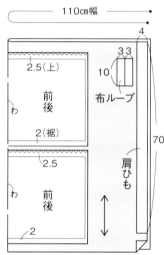

＊指定以外の縫い代は1cm
＊〰〰＝ジグザグミシンをかけておく

● 作り方

1　土台の脇を縫う（p.65の**1**左脇の縫い方参照）
2　胸回りを二つ折りにして縫い、ゴムテープを通す（図参照）
3　裾を二つ折りにして縫う（図参照）
4　チュールフリルをつける（図参照）
5　布ループを作り（p.40参照）、つける。
　　肩ひもを作り、布ループに結ぶ（図参照）

● 便利なフリル

「チュール」は六角形の網目の薄い網状の布のこと。このチュールフリルは端にギャザーが寄せてあり、もう一方の端にはテグスが入っていて、波のうねりのような形になっています。

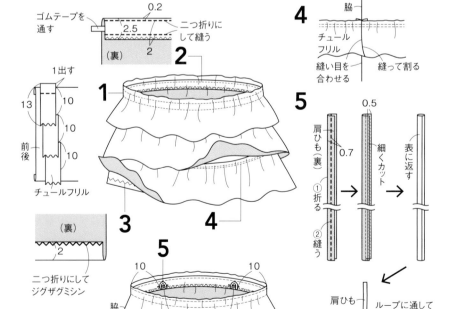

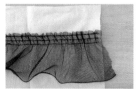

既にギャザーが寄せてあるので、フリルの線に沿ってそのまま土台につけるだけ。

29 チュールフリルのギャザースカート >>>> p.18

28のキャミソールと同様、筒状に縫った土台スカートに
チュールフリルをつけただけ。キャミソールとセットアップで着たら、
かわいさ倍増。

＊サイズ3L〜9Lに共通

● 出来上り寸法

ウエスト … 160cm
スカート丈 … 75cm

● 材料

布［化繊ストレッチ］… 110cm幅170cm
チュールフリル … 13cm幅13m
ゴムテープ … 2cm幅をウエスト寸法

● 作り方

1 土台の脇を縫う（図参照）
2 ウエストを二つ折りにして縫う
3 裾を二つ折りにして縫う（図参照）
4 チュールフリルをつける（p.64参照）
5 ゴムテープを通す（図参照）

● 製図

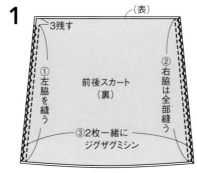

● 裁合せ図

＊指定以外の縫い代は1cm

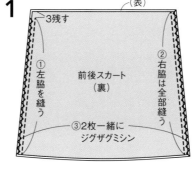

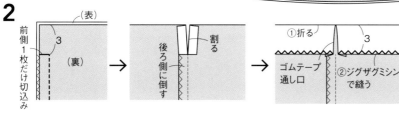

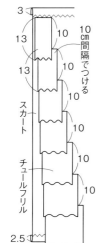

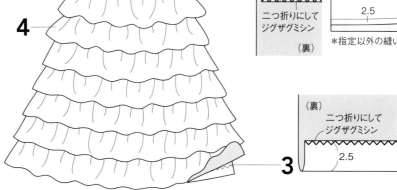

31 ハーフワイドパンツ >>>> p.20

実物大パターン B 面

5、34のワイドパンツの丈を短くしただけ。ブーツなど足もとのおしゃれを楽しむならこのハーフワイドパンツで決まり。

＊文中、図中の4つ並んだ数字は、サイズ3L、5L、7L、9L。1つは共通

● 出来上り寸法

ヒップ … 120、132、144、156cm
パンツ丈 … ひざ丈＝56、57、58、59cm
　　　　　 ひざ下丈＝66、67、68、69cm

● 材料

布［コーデュロイ］… 140cm幅 140cm（ひざ丈）
　　　　　　　　　 140cm幅 160cm（ひざ下丈）
ゴムテープ … 2cm幅 80、90、100、110cm

● 作り方

1　ポケット口を残して脇を縫う（図参照）
2　ポケット口を三つ折りにして縫う（図参照）
3　袋布をつける（図参照）
4　前後の股上を縫う（図参照）
5　股下を左右続けて縫う（図参照）
6　ウエストを三つ折りにして縫い、ゴムテープを通す（図参照）
7　裾を三つ折りにして縫う（図、p.30参照）

● 裁合せ図

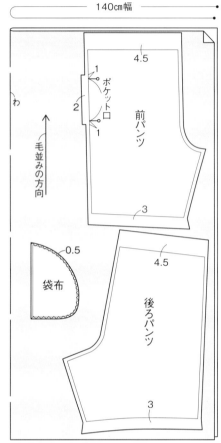

＊指定以外の縫い代は1cm
＊〰〰＝ジグザグミシンをかけておく

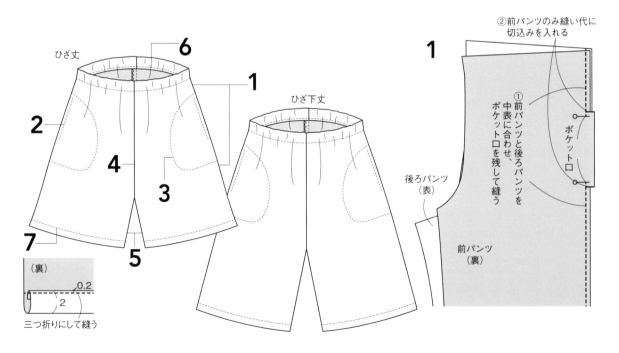

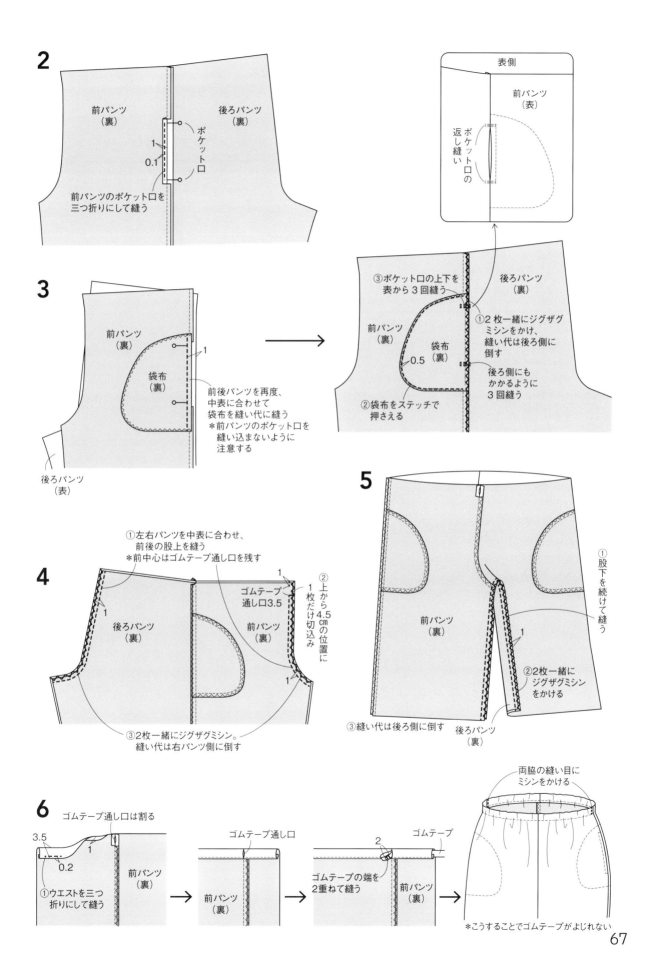

32 オーバーオール >>>> p.21

実物大パターン **B**面

ゆったりしたシルエットなので、あきがなくてそのままストンと
着られるオーバーオール。肩ひもを前のループに通して、
長さを調節して結んで着ます。

＊文中、図中の4つ並んだ数字は、サイズ3L、5L、7L、9L。1つは共通

● 出来上り寸法

バスト … 110、122、134、146cm
ヒップ … 120、132、144、156cm
着丈（肩ひもを除く）… 120、121.5、123、124.5cm

● 材料

布［中肉木綿］… 110cm幅 240、240、240、350cm
＊9Lの後ろパンツは裁合せ図のように二つ折りでは裁てないので
　1枚に広げて裁つ

● 作り方

1　布ループを作る（p.40参照）
2　肩ひもを作る（図参照）
3　前ポケットを作り、つける（図参照）
4　後ろポケットを作り、つける（p.71参照）
5　前と後ろを縫い合わせる（図参照）
6　パンツの脇を縫い、後ろ側に倒す
7　前後の股上を縫う（p.67参照）
8　股下を左右続けて縫う（p.67参照）
9　パンツに身頃をつける（図参照）
10　裾を三つ折りにして縫う（図、p.30参照）

● 裁合せ図

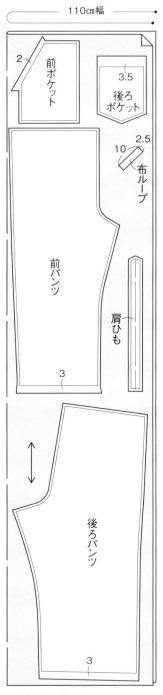
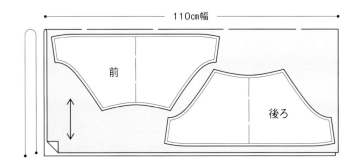

＊指定以外の縫い代は1cm

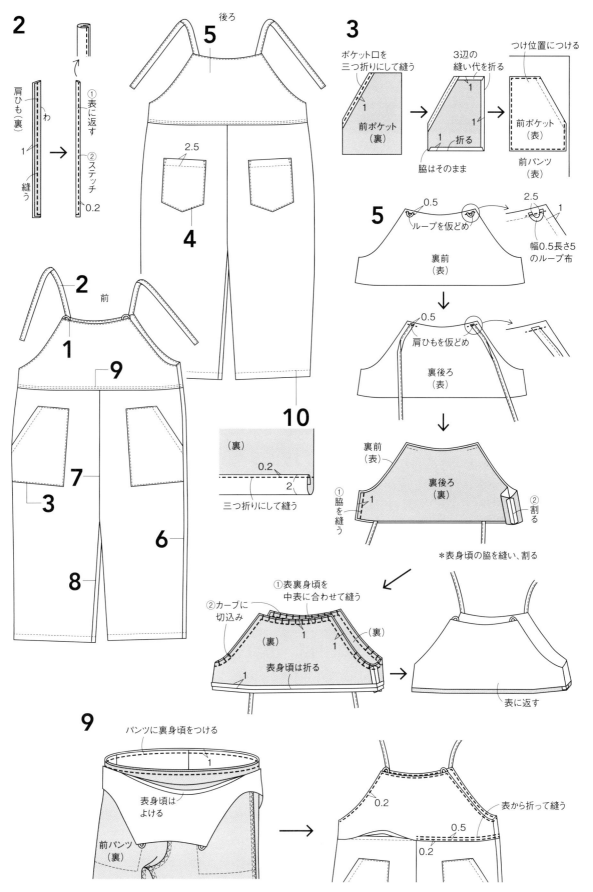

36 デニムジャケット >>>> p.24

実物大パターンA面、袖はD面

Gジャンをイメージしたデニムのジャケット。
一見ハードっぽいけれど後ろのレースアップがガーリーさをキープ。
パンツはもちろん、スカートにもよく合います。

*文中、図中の4つ並んだ数字は、サイズ3L、5L、7L、9L。
1つは共通

● 裁合せ図

● 出来上り寸法

バスト … 120、132、144、156cm
着丈 … 64cm

● 材料

布［ストレッチデニム 8.5オンス］… 138cm幅 220cm
ドットボタン … 直径1.5cmを6組み
ループブレード … 1.3cm幅 80cm
リボン … 0.7cm幅 160cm

● 作り方

1 ポケットを作り、つける（図参照）
2 前と前ヨークを縫い合わせる（後ろを参照）
3 後ろにループブレードをつけてタックを
　仮どめする（図参照）
4 後ろと後ろヨークを縫い合わせる（図参照）
5 肩を縫い、縫い代は後ろ側に倒す（p.35参照）
6 前端を完全三つ折りにし、裾を始末する（図参照）
7 衿ぐりをバイアス布でくるむ（p.46参照）
8 袖をつける（p.73参照）
9 袖下から続けて脇を縫う（p.73参照）
10 袖口を三つ折りにして縫う（図、p.30参照）
11 前端を縫い、裾を三つ折りにして縫う（図、p.30参照）
12 ドットボタンをつける
13 リボンをループに通す

● 便利なテープ

ループ状にしたコードがテープに一定間隔でついている「ループブレード」。テープ部分を縫いつけるだけなので簡単にレースアップが楽しめます（作品はループ1つおきにリボンを通しました）。

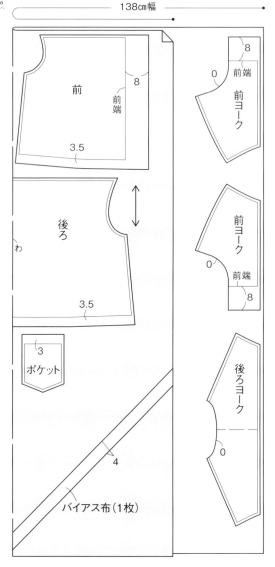

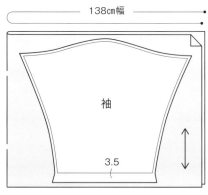

*指定以外の縫い代は1cm

70

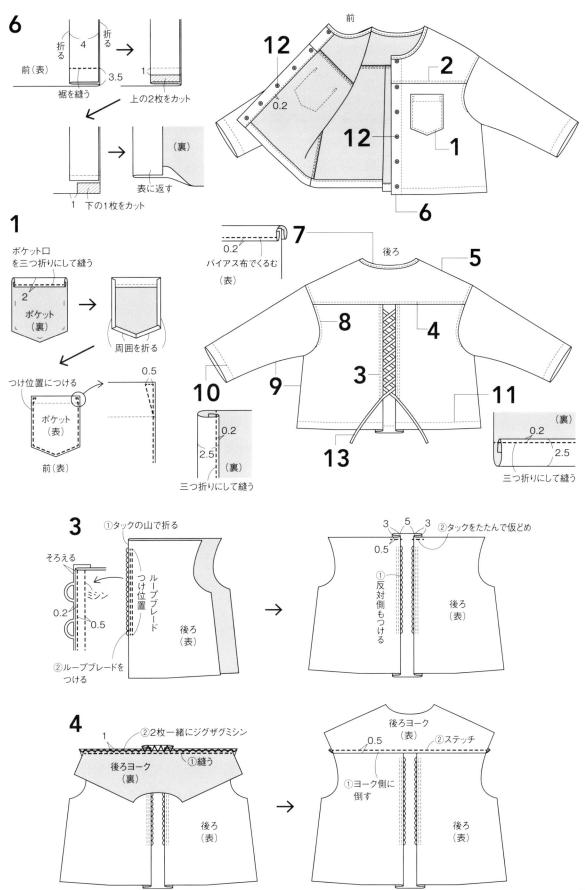

38 リボン結びのコート >>>> p.25

実物大パターン A面、袖は D面

前ヨークと後ろヨークの切替えにギャザーを寄せたゆるみがたっぷりのコート。
ボタンどめではなくリボンを結んで着るところがガーリー。

＊文中、図中の4つ並んだ数字は、サイズ3L、5L、7L、9L。1つは共通

● 出来上り寸法

バスト … 152、164、176、188cm
着丈 … 113cm

● 材料

布［コーデュロイ］… 130cm幅 310、310、370、370cm
＊ 7L、9Lの前身頃は裁合せ図のように二つ折りでは裁てないので
  1枚に広げて裁つ。ヨークや小さいパーツは横で裁つ
接着芯 … 40×40cm
リボン … 1.2cm幅 170cm

● 作り方

1　ポケットを作り、つける（p.71参照）
2　前にギャザーを寄せて前ヨークと縫い合わせる
3　後ろにギャザーを寄せて後ろヨークと縫い合わせる（p.71参照）
4　肩を縫い、縫い代は後ろ側に倒す（p.35参照）
5　衿ぐりを見返しで始末する（図参照）
6　前端を完全三つ折りにし、裾を始末する（図参照）
7　袖をつける（図参照）
8　袖下から続けて脇を縫う（図参照）
9　袖口を三つ折りにして縫う（図、p.30参照）
10　前端を縫い、裾を三つ折りにして縫う（図、p.30参照）
11　リボンをつける（図参照）

● 裁合せ図

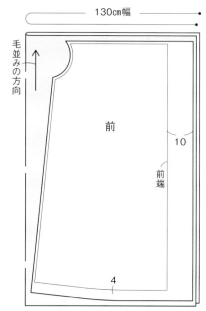

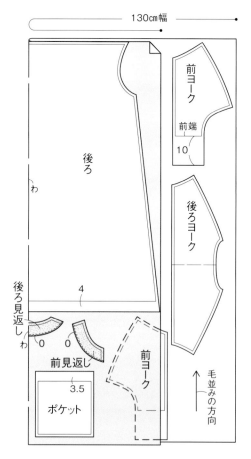

＊指定以外の縫い代は1cm
＊▨＝接着芯
＊～～～＝ジグザグミシンをかけておく

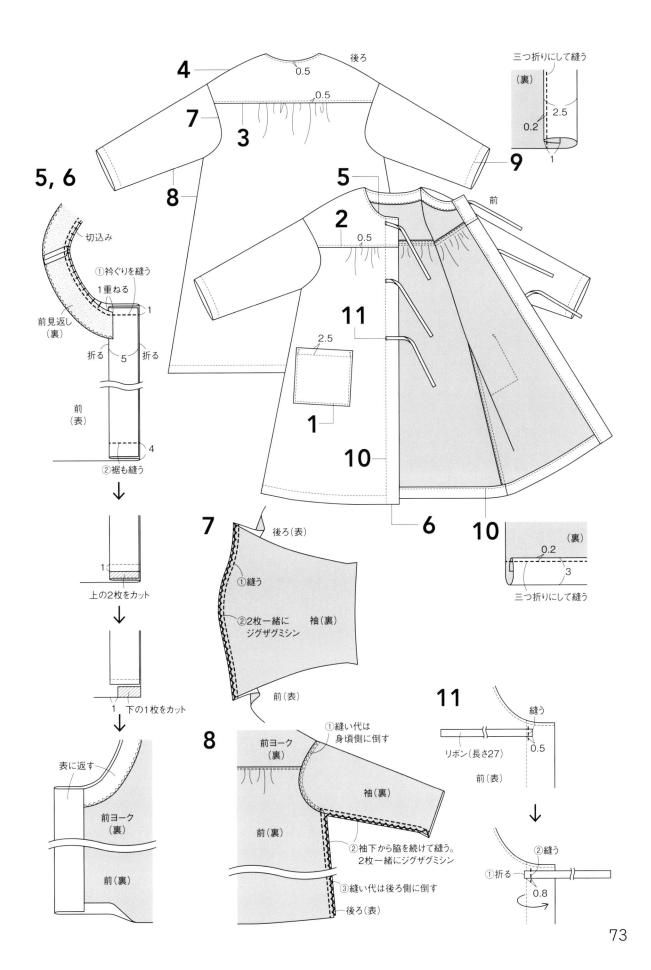

39 あったかキャミソール >>>> p.26 実物大パターン C面
41 花柄のキャミソール >>>> p.26

全くの同型で、あったか素材のボアと薄地の花柄で作りました。
ボアのほうは 22 ページのように、ベスト代わりに着ても。

＊文中、図中の4つ並んだ数字は、サイズ 3L、5L、7L、9L。1つは共通

● 出来上り寸法

バスト … 113、125、137、149 cm
着丈(肩ひもを除く) … 50 cm

● 材料

布 [39 はボア] … 160 cm 幅 110 cm
　 [41 はリバティプリント] … 110 cm 幅 110 cm
縁どりニットテープ … 1.1 cm 幅 300 cm (39 のみ)

● 作り方

1. 胸ダーツを縫う (p.30 参照)
2. 上端をバイアス布でくるむ (図、p.46 参照)
3. 脇を縫い、縫い代は後ろ側に倒す
4. 袖ぐりをバイアス布でくるみ、そのまま肩ひもを作る (図、p.46、62 参照)
5. 裾を三つ折りにして縫う (図、p.30 参照。39 は二つ折り)

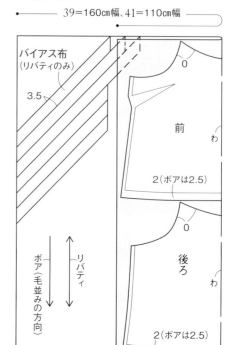

● 裁合せ図

＊指定以外の縫い代は1cm

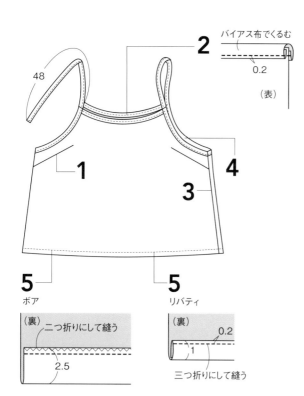

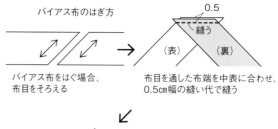

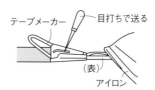

40 あったかペチパンツ >>>> p.26 　実物大パターン **C** 面
42 花柄のペチパンツ >>>> p.26

ショート丈のペチパンツは、キャミソールと上下おそろいにしたら
とてもキュート。インドアでもガーリーでいたい、という人に。

＊文中、図中の4つ並んだ数字は、サイズ3L、5L、7L、9L。1つは共通

● 出来上り寸法

ヒップ … 128、140、152、164cm
パンツ丈 … 28.5cm

● 材料

布[40はボア] … 160cm幅100cm
　［42はリバティプリント］… 110cm幅90、90、130、130cm
＊7Lと9Lの後ろは裁合せ図のように二つ折りでは
　裁てないので1枚に広げて裁つ
ギャザーリボンレース … 5cm幅190cm（42のみ）
ゴムテープ … 1cm幅80、90、100、110cm
リボン … 0.7cm幅30cm

● 作り方

1 脇を縫い、縫い代は後ろ側に倒す（42のみ）
2 股上を縫う（p.67参照）
3 股下を縫う（p.67参照）
4 ウエストを三つ折りにして縫う
　（図、p.30、67参照。40は二つ折り）
5 裾にギャザーリボンレースをつける（図参照。
　40は二つ折り）
6 前にリボンをつける

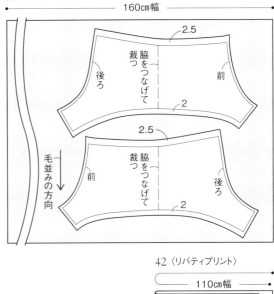

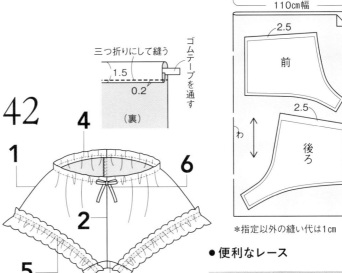

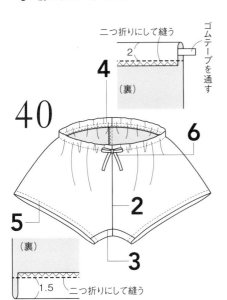

＊指定以外の縫い代は1cm

● 便利なレース

既にギャザーが寄ってリボンが通って
いるレース。このまま表から縫いつ
けるだけなので簡単です。

43 リネンのタンクトップ >>>> p.27

実物大パターン **C**面

シンプルなタンクトップは下着として一年中重宝します。
適度なゆるみがありますが、フィット感を求めるなら1つ下のサイズで
作ることをおすすめします。

＊文中、図中の4つ並んだ数字は、サイズ 3L、5L、7L、9L。1つは共通

● 出来上り寸法

バスト … 113、125、137、149cm
着丈 … 65cm

● 材料

布［リネン］… 115cm幅 140cm

● 作り方

1 胸ダーツを縫う（p.30参照）
2 肩を縫い、縫い代は後ろ側に倒す（p.35参照）
3 衿ぐりをバイアス布で始末する（図参照）
4 袖ぐりをバイアス布で始末する（図参照）
5 脇を縫い、縫い代は後ろ側に倒す
6 裾を三つ折りにして縫う（図、p.30参照）

● 裁合せ図

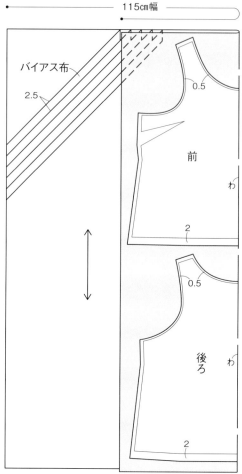

＊指定以外の縫い代は1cm

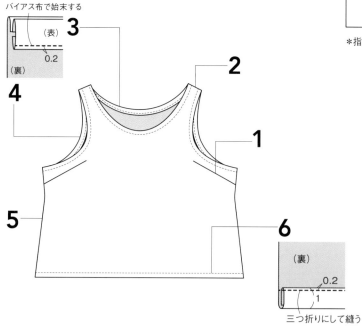

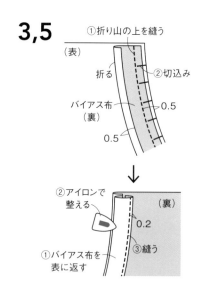

46 コットンのスリップ >>>> p.27

実物大パターン C 面

下着として、またはゆったりした服のアンダードレスにしてもいい
スリップ。暑い季節のルームウェアならこれ1枚でもOK。

*文中、図中の4つ並んだ数字は、サイズ3L、5L、7L、9L。1つは共通

● 出来上り寸法

バスト … 113、125、137、149cm
着丈 … 107.5cm

● 材料

布［綿ローン］… 140cm幅 190cm
レース（衿ぐり分）… 1cm幅 110cm
ギャザーレース（裾分）… 4.5cm幅 220cm

● 作り方

1 胸ダーツを縫う（p.30参照）
2 肩を縫い、縫い代は後ろ側に倒す（p.35参照）
3 衿ぐりにレースをはさみ、バイアス布で始末する
　（図、p.76参照）
4 スカートにギャザーを寄せて身頃と縫い合わせる
　（p.57参照）
5 袖ぐりをバイアス布で始末する（図、p.76参照）
6 裾にギャザーレースをつける（p.79参照）
7 身頃から続けて脇を縫い、縫い代は後ろ側に倒す

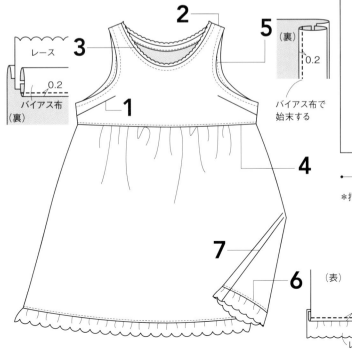

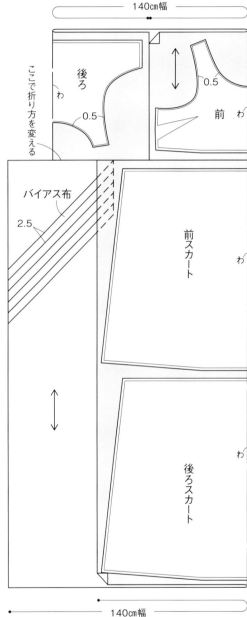

*指定以外の縫い代は1cm

● 便利なレース

既にギャザーが寄せてあるレース。
上端はまっすぐにカットします。

44 コットンのひざ丈ペチパンツ >>>> p.27 実物大パターン B面
47 リネンのドロワーズ >>>> p.27

股ずれを防ぐためのペチパンツ。既製品は化繊が多いので、肌触りのいいリネンで手作りしませんか。股下に縫い目がなくて、はき心地抜群です。

＊文中、図中の4つ並んだ数字は、サイズ3L、5L、7L、9L。1つは共通

● 出来上り寸法

ヒップ … 123、135、147、159cm
パンツ丈 … 44は64cm、47は67cm

● 材料

44　布［綿ローン］… 140cm幅 130cm
レース … 5cm幅 180cm
ゴムテープ … 8コール 80、90、100、110cm
リボン … 0.7cm幅 50cm

47　布［リネン］… 115cm幅 130cm
ギャザーレース … 8cm幅 180cm
ゴムテープ（ウエスト分）… 8コール 80、90、100、110cm
　〃　（裾分）… 1cm幅 90cm
バイアステープ … 1.8cm幅 180cm
リボン（ウエスト分）… 0.7cm幅 50cm
　〃　（裾分）… 1cm幅 140cm

● 作り方

1　裾にレースをつける（図参照）
2　股上を縫う（図参照）
3　脇を縫い、縫い代は後ろ側に倒す（図参照）
　（47は一部縫い残す。図参照）
4　ウエストを三つ折りにして縫い、ゴムテープを通す
　（図、p.67参照）
5　前にリボンをつける（図参照）

● 裁合せ図

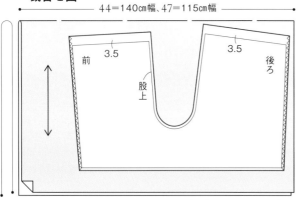

＊指定以外の縫い代は1cm　　＊〰〰＝ジグザグミシンをかけておく（47のみ）

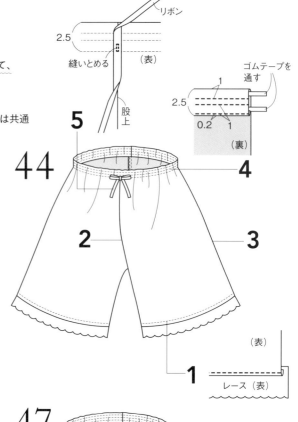

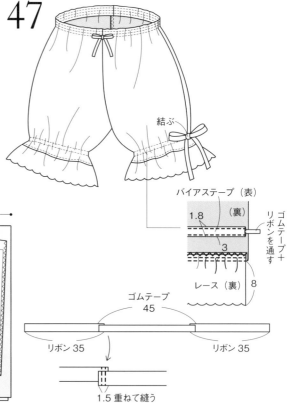

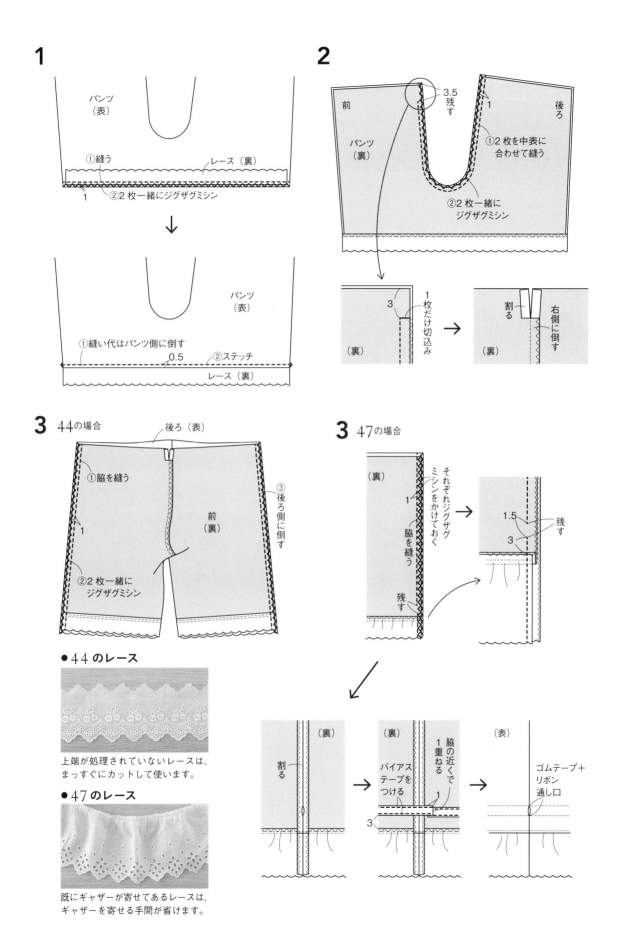

月居良子 つきおり よしこ

デザイナー。「シンプルなのに着ると立体的で美しい」と日本はもちろんフランスや北欧にも広くファンがいて人気を得ている。主な著書に『月居良子の いくつになっても着たい服』『ぽっちゃりさんも いろいろ気にせず着たい服』『月居良子の 一年中のトップス＆ワンピース』『月居良子の 一年中のパンツ＆スカート』『おんなのこのよそいきドレス』『フォーマル＆リトルブラックドレス』『愛情いっぱい 手作りの赤ちゃん服』『愛しのベビーウェア』『ハッピーベビーウェア』『手作りドレスでウェディング』（すべて文化出版局刊）などがある。

ブックデザイン	わたなべひろこ（Hiroko Book Design）
撮影	滝沢育絵
スタイリング	南雲久美子
ヘアメイク	梅沢優子
モデル	エリゴン　kumaco　監物ふきみ　もちゃん
撮影（目次、布見本、p.30～31）	安田如水（文化出版局）
製作協力	湯本美江子　組谷慶子
トレース	八文字則子
パターングレーディング	上野和博
作り方元図	堀江友惠
校閲	向井雅子
編集	堀江友惠　大沢洋子（文化出版局）

好評発売中

ぽっちゃりさんも
いろいろ気にせず着たい服
自分サイズを切りとって使う縫い代つき
実物大パターン 2L～7L の 6 サイズ

ぽっちゃりさんがもっとかわいく見える服
3L～9L を 4 サイズに展開／実物大パターン 2 枚つき

2025 年 3 月 7 日　第 1 刷発行

著者	月居良子
発行者	清木孝悦
発行所	学校法人文化学園 文化出版局
	〒151-8524 東京都渋谷区代々木 3-22-1
	TEL 03-3299-2489（編集）
	03-3299-2540（営業）
印刷・製本所	株式会社文化カラー印刷

©Yoshiko Tsukiori 2025　Printed in Japan
本書の写真、カット及び内容の無断転載を禁じます。

●本書のコピー、スキャン、デジタル化等の無断複製は著作権法上での例外を除き、禁じられています。
本書を代行業者等の第三者に依頼してスキャンやデジタル化することは、たとえ個人や家庭内での利用でも著作権法違反になります。
●本書で紹介した作品の全部または一部を商品化、複製頒布、及びコンクールなどの応募作品として出品することは禁じられています。
●撮影状況や印刷により、作品の色は実物と多少異なる場合があります。
ご了承ください。

文化出版局のホームページ　https://books.bunka.ac.jp/

布地・副資材協力

●文化学園購買事業部
学園ショップ内
https://shop.bunka.ac.jp

■四季
tel.03-3299-2065
https://www.instagram.com/shikitex
35

■服地屋 Dilla
tel.03-3299-2064
https://www.instagram.com/hukuziya_dilla/
37、39、40

■ P & E fabric
tel.03-3299-2044
https://www.eleg.co.jp
33

■つよせ
tel.03-3299-2045
36 のループブレード

布地提供

●生地の森
tel.053-464-8282
http://www.kijinomori.com
4、21

●小松和テキスタイル
tel.03-5637-7484
http://www.komatsuwa.com
生地といろ　https://kijitoiro.jp
6、7、10、18、20、22、24、27、32、38、43、44、45、46、47

● CHECK & STRIPE
tel.078-381-8824
https://checkandstripe.com
9、15

● Fau & Cachet Inc.
tel. 06-6629-8218
https://www.fauxandcachetinc.com
26

●ユザワヤ
tel.03-3735-4141
http://www.yuzawaya.co.jp
11、12、13、16、17、19、36、37、41、42

副資材提供

●清原
tel. 03-5412-1844
https://www.kiyohara.co.jp/store/
9、22、24、27 のゴムミシン糸、
24 のプラスナップ、36 のドットボタン

●ユザワヤ
tel.03-3735-4141
https://www.yuzawaya.co.jp
28、29 のチュールフリル
42 のギャザーリボンレース

撮影協力

●清原
tel. 03-5412-1844
https://www.kiyohara.co.jp/store/
（p.30 の卓上プレス、プラスナップ、p.31 のゴムミシン糸（ソフト））

●クロバー
tel. 06-6928-2277（お客様係）
https://clover.co.jp
（p.30 の裁ちばさみ、方眼定規、ルレット、チョークペーパー、p.31 の目打ち）

●文化学園購買事業部
学園ショップ
tel.03-3299-2042
https://shop.bunka.ac.jp
p.30 のアイロン、アイロン台

衣装協力

● Emma Francis
tel.078-736-1233
p.4、7（左右とも）、8、10、12、17（左）、19（右）、28（青、緑、赤）、p.5、19（左）のフラットシューズ、p.29（シルバー、青、ピンク）のバレエシューズ

● dansko(seastar)
tel.03-6427-9440
p.20（左右とも）、23、29 のブーツ、p.21 の靴、p.24、29 の白い靴

● dansko en … 東京青山店
tel.03-3486-7337
p.9、29 のサボ

● NAOT
tel.0742-93-7786
p.11、16、22（左）の靴

● SusieDrops SUSIE